中国企业创新能力评价报告 2021

中国科学技术发展战略研究院
中央财经大学经济学院 著

科学技术文献出版社
SCIENTIFIC AND TECHNICAL DOCUMENTATION PRESS
·北京·

图书在版编目（CIP）数据

中国企业创新能力评价报告. 2021 / 中国科学技术发展战略研究院，中央财经大学经济学院著. —北京：科学技术文献出版社，2022.4
ISBN 978-7-5189-9092-4

Ⅰ. ①中…　Ⅱ. ①中… ②中…　Ⅲ. ①企业创新—研究报告—中国—2021　Ⅳ. ① F273.1

中国版本图书馆 CIP 数据核字（2022）第 061168 号

中国企业创新能力评价报告2021

策划编辑：李　蕊　郝迎聪　　责任编辑：李　鑫　责任校对：王瑞瑞　　责任出版：张志平

出 版 者　科学技术文献出版社
地　　址　北京市复兴路15号　邮编　100038
编 务 部　(010) 58882938，58882087（传真）
发 行 部　(010) 58882868，58882870（传真）
邮 购 部　(010) 58882873
官方网址　www.stdp.com.cn
发 行 者　科学技术文献出版社发行　全国各地新华书店经销
印 刷 者　北京时尚印佳彩色印刷有限公司
版　　次　2022 年 4 月第 1 版　2022 年 4 月第 1 次印刷
开　　本　889 × 1194　1/16
字　　数　117千
印　　张　7.75
书　　号　ISBN 978-7-5189-9092-4
定　　价　86.00元

《中国企业创新能力评价报告 2021》

前言

创新是引领发展的第一动力，是建设现代化经济体系的战略支撑。我国经济已由高速增长阶段转向高质量发展阶段，深入实施创新驱动发展战略，以科技创新为核心带动全面创新，实现经济社会发展动力的根本转换，才能为建设世界科技强国提供强大战略支撑。实现跻身创新型国家前列的战略目标，需要加快推进国家创新体系建设，建立以企业为主体、以市场为导向、产学研深度融合的技术创新体系，尤其要着力增强企业创新能力，鼓励企业开展基础性、前沿性创新活动，促进产业迈向全球价值链中高端。

为了测度和反映我国企业的创新能力，发挥企业创新在转变经济发展方式、实施创新驱动发展战略中的作用，为科技管理和决策提供参考，有必要全面监测和评价企业的创新活动和创新能力，并对中国企业创新能力在国际上所处的位置做出清晰的判断。

《中国企业创新能力评价报告》是国家创新调查制度系列报告之一，于 2016 年首次发布。《中国企业创新能力评价报告 2021》为该报告的第 5 期。报告从 4 个维度对我国企业的创新能力进行评价。一是现状篇。基于 2020 年企业创新调查结果，分析了我国企业创新活动的现状和基本特征。二是历史篇。从创新投入能力、协同创新能力、知识产权能力和创新驱动能力 4 个维度构建企业创新能力评价指标体系，动态评价了我国企业创新能力。三是国际篇。基于国际可比数据，从创新活跃程度、创新投入与协同创新、知识产权和创新绩效及创新型领军企业几个维度比较了中国与部分发达国家及发展中国家的企业创新能力。四是区域篇。通过构建评价区域创新能力的指标体系，横向比较了我国 31 个省（自治区、直辖市）的企业创新能力。

报告采用的中国企业数据资料主要来自历年《全国企业创新调查年鉴》《中国科技统计年鉴》《工业企业科技活动统计年鉴》《中国统计年鉴》，国际比较数据主要来自经济合作与发展组织（OECD）、世界知识产权组织（WIPO）和欧洲统计局的统计数据库。

本报告的研究编写得到社会各界专家学者的支持与帮助，在此表示衷心感谢！郭家宝、曹爱家、郭兆丰、周嘉伊、李恒斌、陈腾飞、闫心茹等人参与了部分章节的数据分析工作，一并表示感谢。

《中国企业创新能力评价报告 2021》

编辑委员会

目录 Contents

现状篇

历史篇

国际篇

区域篇

现状篇

第一章

企业创新活动特征分析

——基于 2020 年全国企业创新调查数据

为全面了解我国企业创新进展状况，更好地服务创新驱动发展战略，国家统计局2020年在全国范围内开展了第5次企业创新调查，调查报告期为2019年。调查结果显示，我国规模以上企业的创新活跃度较高，超过40%的企业有创新活动。规模以上高技术产业企业创新能力突出，对制造业具有引领作用。规模以上企业在创新过程中更多地采取独立开发的方式。创新人才构成规模以上企业创新能力的核心智力支撑。规模以上企业企业家高度认同创新对企业发展的积极作用。

一、规模以上企业创新活动总体情况

2020年，参与调查的规模以上企业达到80.5万家，较2019年增长6.6%。从企业的产业分布看，与2019年相比，工业企业占比有所下降，服务业企业占比有所上升，两者数量占比十分接近，工业企业数量占比46.9%；服务业企业数量占比46.3%；建筑业企业最少，占比6.8%。从企业的地区分布看，东部地区企业占比最高，达到59.7%；中部地区企业占比为20.8%；西部地区企业占比为15.4%；东北地区企业占比为4.1%（图1–1）[①]。

① 东部地区包括北京、天津、河北、上海、江苏、浙江、福建、山东、广东和海南10个省（直辖市）；中部地区包括山西、安徽、江西、河南、湖北和湖南6个省；西部地区包括内蒙古、广西、重庆、四川、贵州、云南、西藏、陕西、甘肃、青海、宁夏和新疆12个省（自治区、直辖市）；东北地区包括辽宁、吉林和黑龙江3个省。

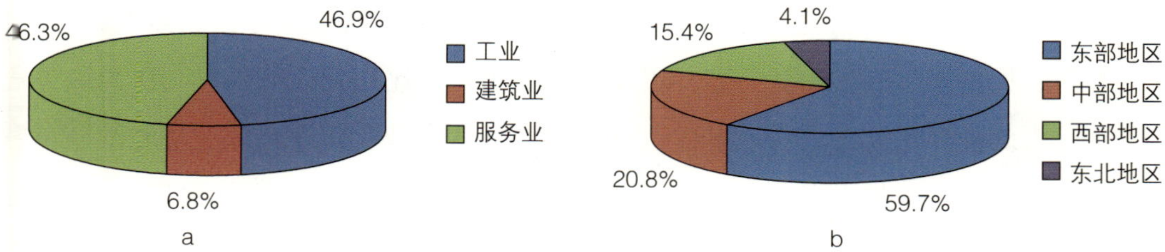

图1-1　规模以上企业数量按产业和地区分布（2019年）

2020 年企业创新调查中的规模以上高技术产业企业为 3.6 万家，占全部规模以上调查企业的 4.4%[①]。高技术产业企业的地区分布与规模以上企业整体的地区分布基本相同，东部地区企业占比最高，达到 66.3%；其次为中部地区（19.1%）和西部地区（11.9%）；东北地区企业占比为 2.7%（图 1–2）。

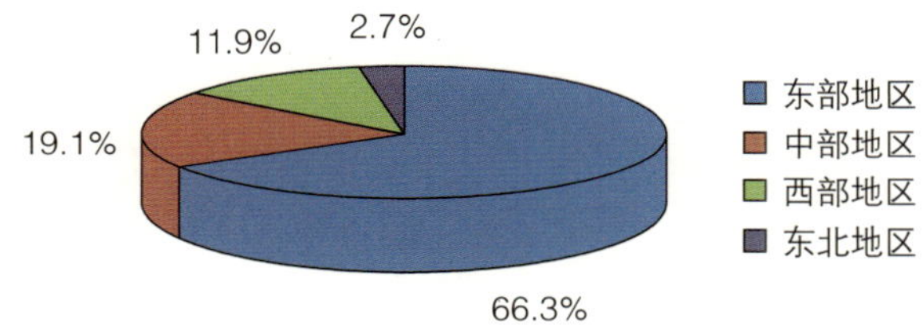

图1-2　规模以上高技术产业企业数量按地区分布（2019年）

2019 年，开展创新活动的企业为 36.3 万家，占全部规模以上企业的 45.2%。其中，实现创新的企业为 33.6 万家，占全部规模以上企业的 41.7%；同时实现产品创新、工艺创新、组织创新和营销创新 4 种创新的企业达到 6.8 万家，占全部规模以上企业的 8.5%。

开展创新活动的高技术产业企业数为 2.9 万家，占全部高技术产业企业的 81.3%。其中，实现创新的企业为 2.7 万家，占全部高技术产业企业的 75.4%；同时实现 4 种创新的企业达到 0.9 万家，占全部高技术产业企业的 24.7%。高技术产业企业中有创新活动的企业及实现创新的企业占比均显著高于企业整体水平，反映出高技术产业企业的创新能力突出，是制造业企业中最具创新活力的力量。

---

① 本书中增长（减少）比例、占比等数值是以四舍五入的统计数据计算得出，结果可能与四舍五入后的数值计算结果存在差异。

从实现创新的企业占比来看，不同产业企业的创新活跃程度存在明显差异。2019年，工业企业的创新活跃程度最高，实现创新的企业占比达到 53.3%；其次为服务业，实现创新的企业占比为 31.5%；建筑业中有 30.8% 的企业实现了创新。从地区分布看，实现创新的企业占比按东部地区、中部地区、西部地区、东北地区依次递减，东部地区有 43.8% 的企业实现了创新，东北地区仅有 30.4% 的企业实现了创新（图 1–3）。

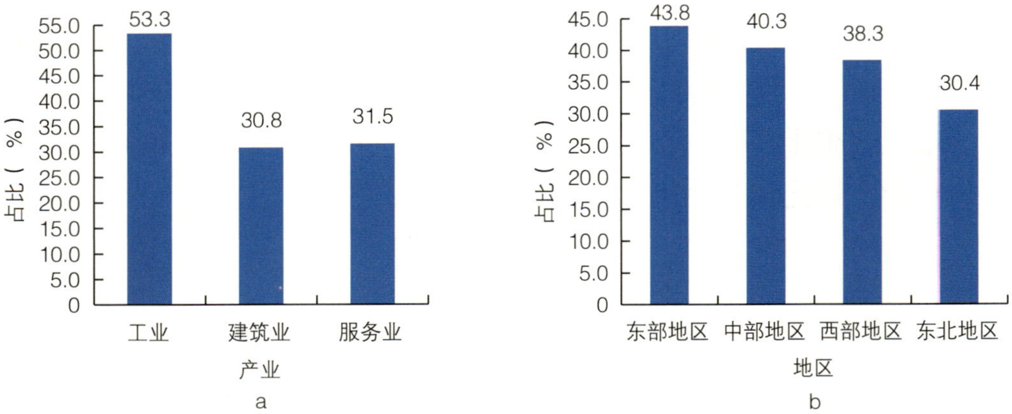

图1–3　实现创新的企业占全部规模以上企业比重按产业及地区分布（2019年）

高技术产业企业中实现创新的企业占比高于规模以上企业整体水平。从地区分布看，各地区实现创新的企业占比都超过了 70%，实现创新的企业占比按东部地区、中部地区、东北地区、西部地区依次递减，与上一年相比，东北地区实现了对西部地区的反超，有 71.8% 的企业实现了创新。东部地区有 77.2% 的企业实现了创新，西部地区有 71.4% 的企业实现了创新（图 1–4）。

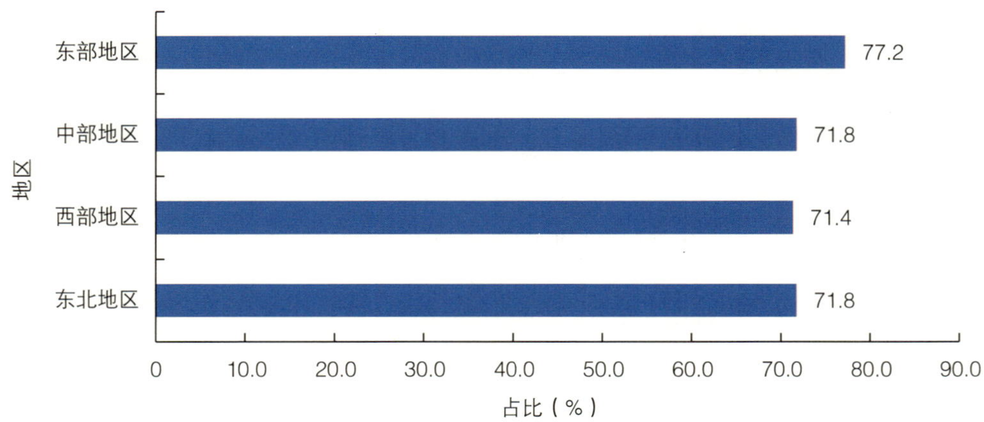

图1–4　高技术产业企业中实现创新的企业占全部高技术产业企业比重［按地区分布（2019年）］

二、规模以上企业创新特征

（一）产品创新和工艺创新

1.近1/4的企业实现了产品创新或工艺创新

实现产品创新或工艺创新的企业数为20.6万家，占全部规模以上企业的25.6%；实现产品创新的企业和实现工艺创新的企业数分别为15.5万家和17.3万家，占全部规模以上企业的19.3%和21.4%；同时实现产品创新和工艺创新的企业占全部规模以上企业的15.1%（图1–5）。

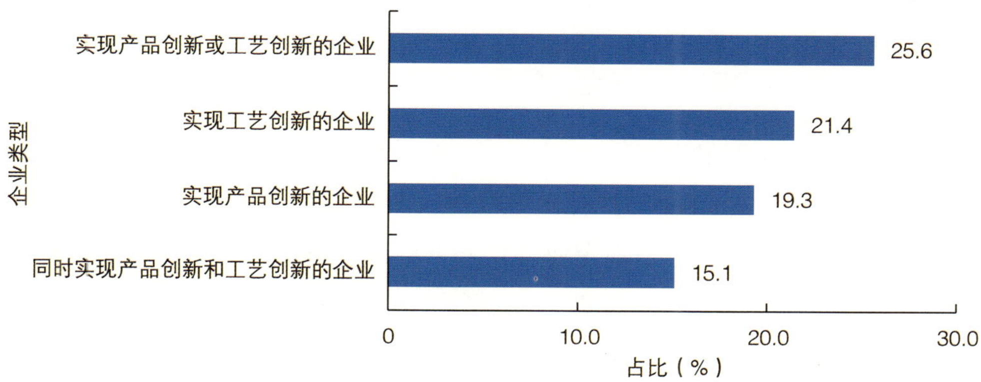

图1–5　实现产品创新或工艺创新的企业占全部规模以上企业比重（2019年）

分产业看，工业企业中有40.8%的企业实现了产品创新或工艺创新；建筑业占比为12.9%；服务业占比最低，为12.1%。分地区看，东部地区实现产品创新或工艺创新的企业占比最高，达28.8%；其次为中部地区和西部地区，分别为23.4%和19.4%；东北地区的企业占比仅为14.7%（图1–6）。

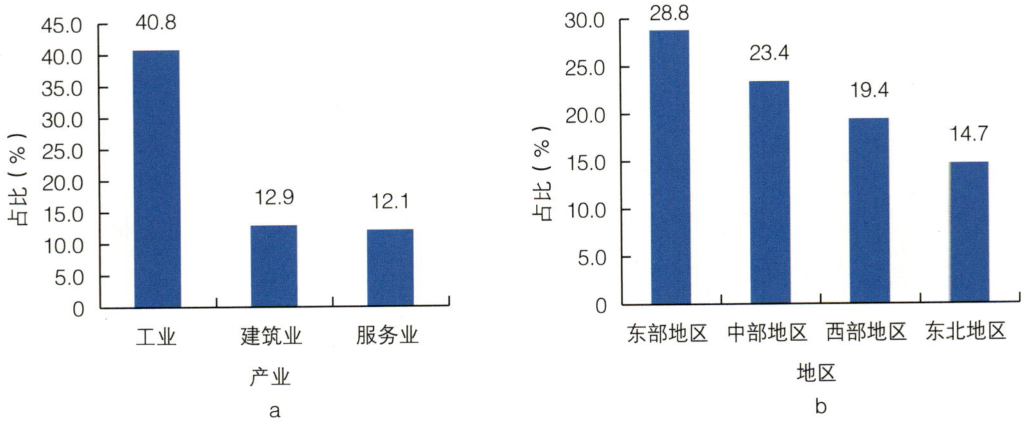

图1-6　实现产品创新或工艺创新的企业占全部规模以上企业比重按产业和地区分布（2019年）

2.独立开发是产品创新和工艺创新的主导模式

2019 年，在实现产品创新的企业中，有 86.1% 的企业选择独立开发模式；分别有 9.3% 和 8.4% 的企业选择与境内高等学校合作开发、与境内其他企业合作开发模式；有 6.7% 的企业选择与集团内企业合作开发模式。与上一年相比，选择独立开发模式的企业占比上升了 1.4 个百分点，选择与境内其他企业合作开发、与集团内企业合作开发的企业占比略有上升，分别上升了 0.3 个和 0.2 个百分点；在其他单位开发的基础上调整或改进的企业占比与去年相同；其他创新方式的企业占比均略有下降（图 1—7）。

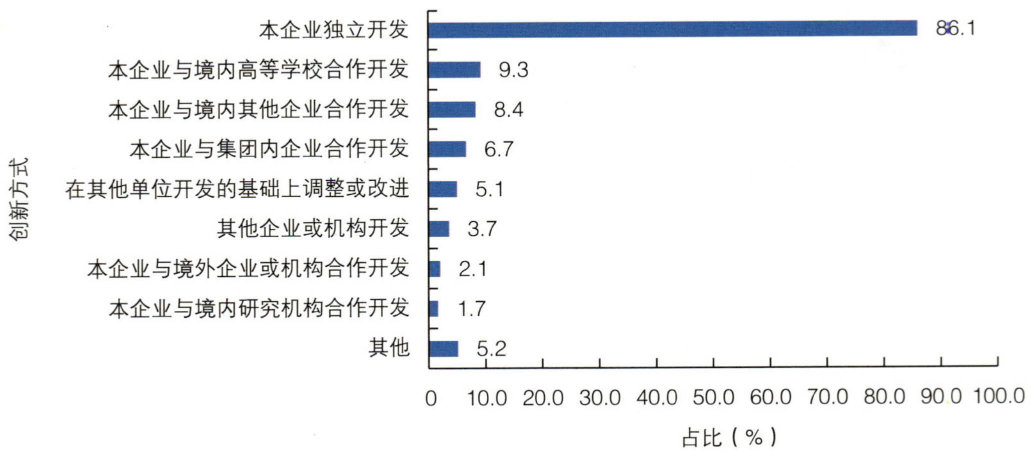

图1-7　实现产品创新的企业的创新方式（2019年）

在实现工艺创新的企业中高达 77.5% 的企业选择独立开发模式。与实现产品创新的企业类似，选择独立开发模式的企业占比较上一年上升了 1.1 个百分点，选择与境内其他企业合作开发、在其他单位开发的基础上调整或改进、与集团内企业合作开发的企业占比略有上升，分别上升了 0.3 个、0.1 个和 0.1 个百分点；选择其他企业或机构开发的企业占比与上一年一致；其他创新方式的企业占比均略有下降（图 1–8）。

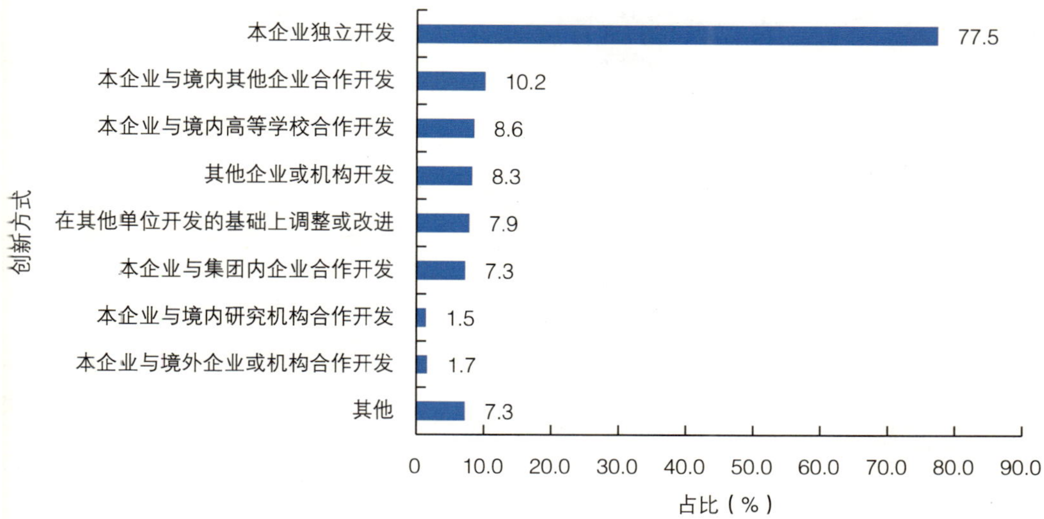

图1–8　实现工艺创新的企业的创新方式（2019年）

3.六成以上企业拥有市场新产品

在实现产品创新的企业中，有市场新产品的企业占比为 63.0%；新产品销售收入达 35.6 万亿元，占主营业务收入的 16.2%。新产品销售收入占主营业务收入比重存在一定的产业差异，建筑业占比达 25.7%，高于工业（19.9%）和服务业（9.7%）。

（二）产品创新和工艺创新的活动类型与创新经费

1.开展内部研发是企业最主要的创新活动类型

在开展产品创新或工艺创新活动的企业中，有 56.4% 的企业存在开展内部研发的创新活动，是最主要的创新活动类型；有 55.9% 的企业存在购买机器设备和软件活动，36.3% 的企业提供了相关培训；进行市场推介、相关设计的企业占比分别为 18.0%、17.2%；进行外部研发、从外部获取相关技术的企业占比分别为 7.6% 和 3.8%

（图 1–9）。这表明内部研发、购买机器设备和软件活动是我国企业开展创新活动的主要形式，从外部获得技术与知识的活动则是创新活动的补充。

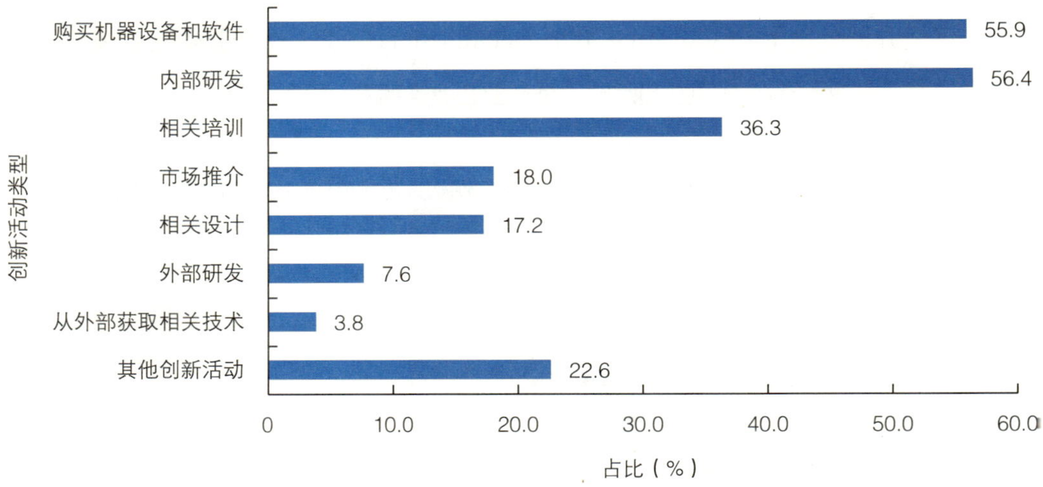

图1–9　企业开展产品创新或工艺创新的创新活动类型（2019年）

2.工业企业内部研发支出占创新经费的比重超过60%

企业的创新经费结构与创新活动类型高度相关，创新经费的大部分用于内部研发活动。2019 年，工业企业创新经费支出为 2.3 万亿元。其中，内部研发经费支出占创新经费支出的比重达 60.3%，构成最主要的创新经费支出项目；购买机器设备和软件经费支出占创新经费支出的比重为 31.5%；从外部获取相关技术经费支出占创新经费支出的比重为 4.4%；外部研发经费支出占创新经费支出的比重为 3.9%（图 1–10）。

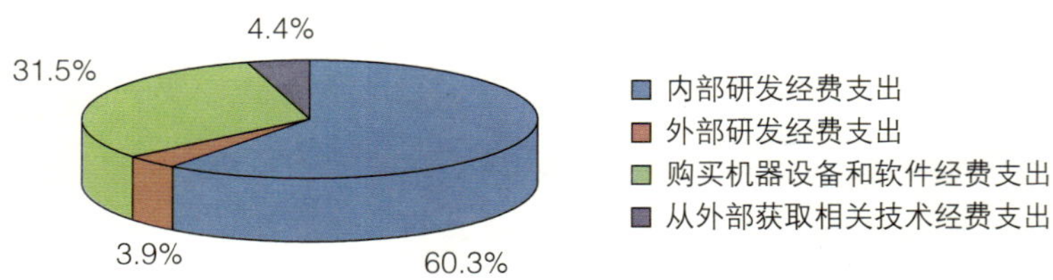

图1–10　工业企业创新经费构成（2019年）

（三）产品创新和工艺创新的信息来源

客户是企业最重要的信息来源，企业内部及竞争对手或同行业企业所提供的信息也不可忽视。在开展产品创新或工艺创新的 25.1 万家规模以上企业中，有 45.6% 的企业认为来自客户的信息对创新影响较大；有 37.4% 的企业认为企业内部信息对创新至关重要；有 22.6% 的企业高度重视来自竞争对手或同行业企业的信息；超过 18% 的企业认为来自供应商、行业协会的信息对其创新有重要影响；超过 15% 的企业认为来自展会和政府部门的信息对其创新活动具有较大影响；相对而言，大部分企业认为来自文献、期刊，市场咨询机构及高等学校的信息对创新的影响相对较小（图 1–11）。

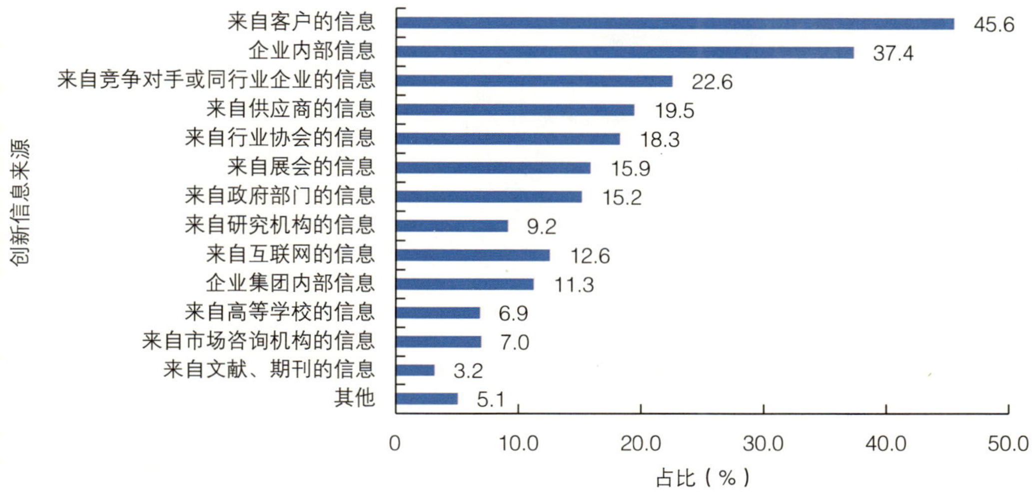

图 1–11 创新信息来源对开展产品创新或工艺创新活动企业创新的影响（2019年）

（四）产品创新和工艺创新的合作伙伴

1.上下游机构是企业创新合作对象的主体

在开展产品创新和工艺创新的企业中，开展合作创新的企业达 16.4 万家，占比为 20.4%。在合作创新的企业中，与客户结成合作关系的企业达 45.7%，与供应商结成合作关系的企业占 39.1%，分别居前两位，构成企业最主要的合作对象；有 28.2%、28.0% 的企业分别与高等学校、集团内其他企业结成合作关系；与行业协会、研究机构、竞争对手或同行业企业结成合作关系的企业占比分别为 19.6%、15.9% 和 16.2%；与市场咨询机构和政府部门开展创新合作的企业占比分别为 12.8%、10.2%；与风险投资机构进行合作创新的企业占比最低，仅为 0.7%（图 1–12）。与上一年相比，高等学校、集团内其他企业、行业协会、研究机构、政府部门、风险投资机构和其他合作对象的合作占比略有下降，客户、供应商、竞争对手或同行业企业、市场咨询机构的合作占比均相应上升。

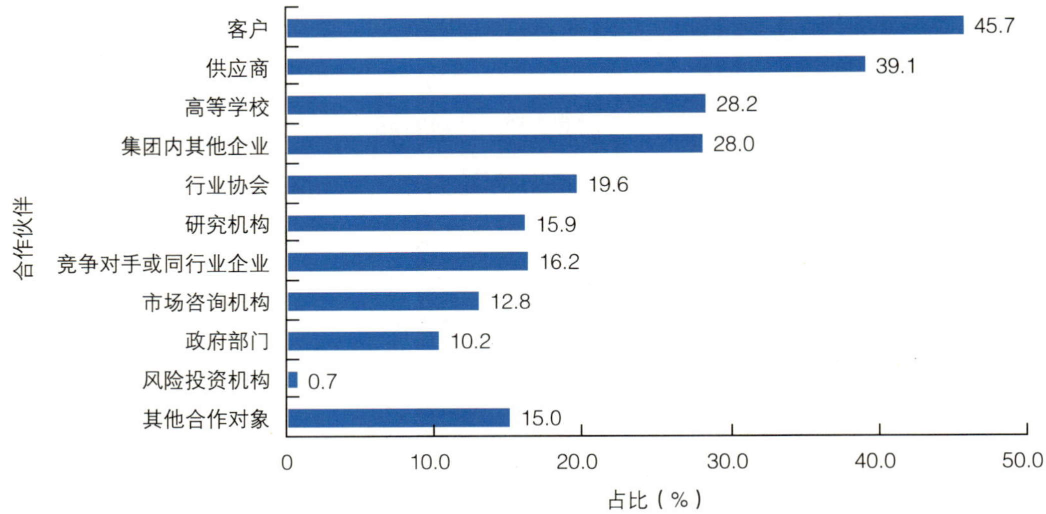

图1-12　合作创新企业的合作伙伴分布（2019年）

2.客户与供应商对企业创新具有核心价值

在创新合作企业中，有 42.5% 的企业认为客户在创新过程中具有较大的价值；有 33.6% 的企业认为与供应商的合作对创新具有正向影响；有 23.4% 的企业认为与高等学校、集团内其他企业合作有利于创新发展；分别有 15.6% 和 12.9% 的企业认为与行业协会和研究机构合作对创新影响较大；超 13% 的企业认为与竞争对手或同行业企业合作对创新发展影响较大（图 1–13）。

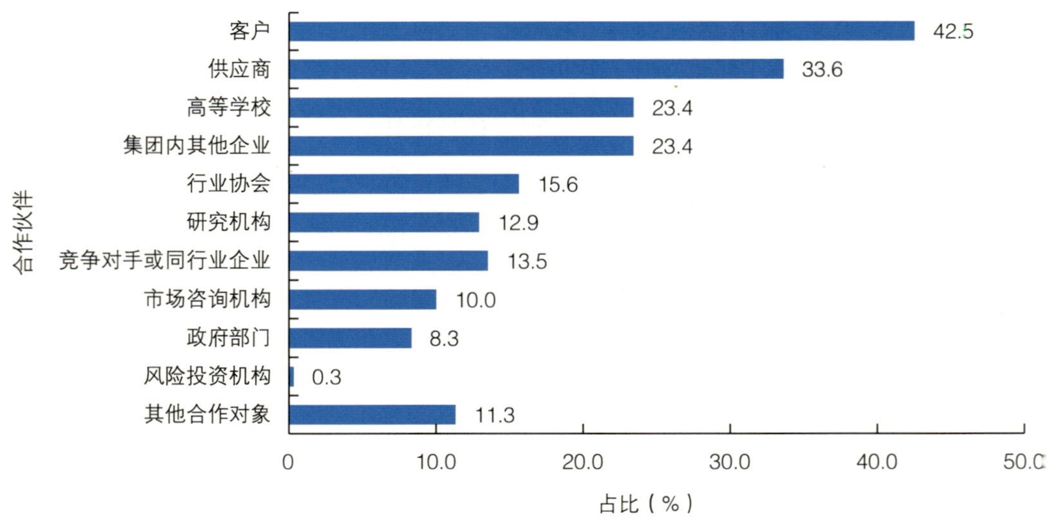

图1-13　创新合作伙伴对企业的相对重要性（2019年）

3. 1/3以上合作创新企业开展产学研合作，以共同完成科研项目为主导模式

我国企业拥有较为多元的产学研合作模式。2019 年，开展产学研合作的企业数达到 5.7 万家，占创新合作企业总数的 34.7%。在开展产学研合作的企业中，有 68.1% 的企业选择共同完成科研项目模式，该模式在所有产学研合作形式中继续保持主导地位。有 30.7% 的企业选择聘用高校或研究机构人员到企业兼职；有 25.9% 的企业选择在企业建立研发机构；在高校或研究机构中设立研发机构的企业占比达 9.7%（图 1–14）。

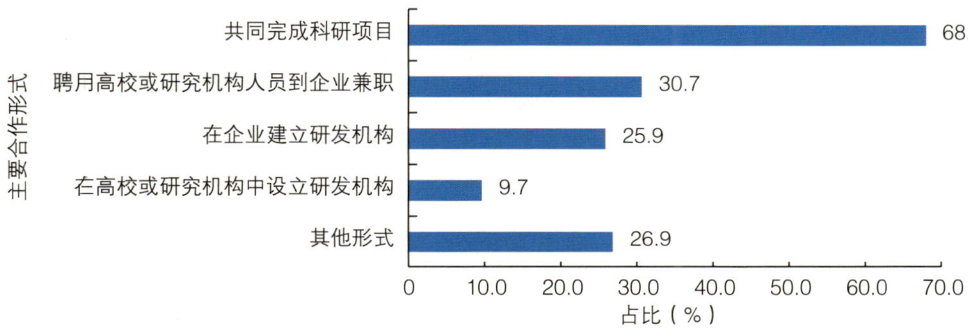

图1–14　产学研合作企业的主要合作形式（2019年）

（五）产品创新和工艺创新的阻碍因素

2019 年，超过 1/4 的企业认为缺乏人才或人才流失是阻碍创新最主要的因素，创新成本过高、创新意识不足也在一定程度上阻碍创新。在 80.5 万家规模以上企业中，有 29.5% 的企业认为缺乏人才或人才流失是阻碍创新的主要因素，较上一年提高 0.5 个百分点；分别有 21.5% 和 17.1% 的企业认为创新成本过高、没有创新的必要是阻碍创新的主要因素；分别有 17.9% 和 12.7% 的企业将缺乏技术信息、不能确定市场需求归为阻碍创新的主要因素；分别有 11% 左右的企业将阻碍创新的因素归为缺乏内部资金及缺乏银行贷款支持；市场已被占领、创新成果易被低成本模仿等因素对创新的阻碍较小（图 1–15）。

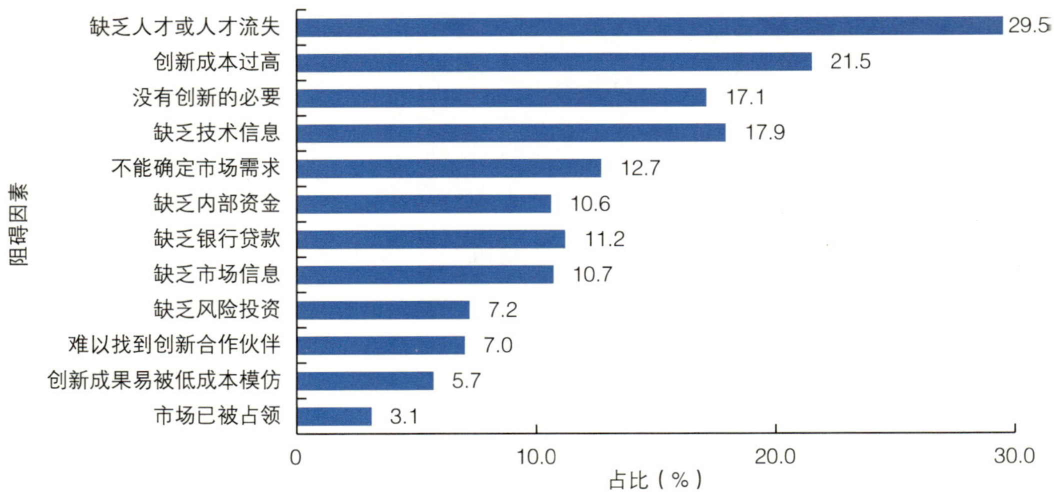

图1-15 企业创新的阻碍因素分布（2019年）

（六）知识产权保护

2019 年，有超过一半的企业采取了知识产权保护或相关措施，发挥了时间上的先发优势、对技术秘密进行内部保护是最主要的知识产权保护方式。采取知识产权保护或相关措施的企业达到 44.6 万家，占全部规模以上企业的 55.4%，较上一年下降了 1.8 个百分点。全部规模以上企业中，有 21.8% 的企业通过发挥时间上的先发优势从技术成果中获益；有 13.6% 的企业对技术秘密进行了内部保护；有 11.2% 的企业申请了注册商标；分别有 9.7%、6.4% 的企业申请了实用新型或外观设计专利、形成了国家或行业技术标准；超过 7% 的企业申请了发明专利；应用了难以复制的复杂技术、进行了版权登记的企业占比较低，分别为 2.8% 和 3.1%（图 1-16）。

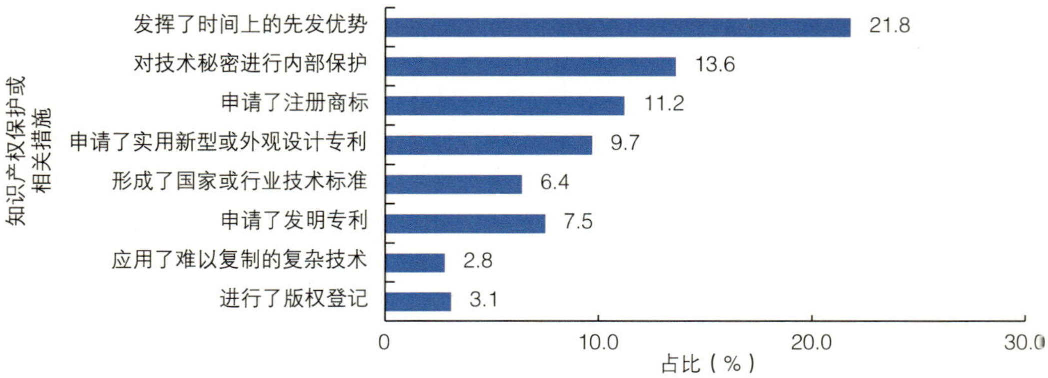

图1-16 企业采取的知识产权保护或相关措施分布（2019年）

（七）组织创新和营销创新

1.逾30%的企业实现了组织创新或营销创新

27.9 万家企业实现了组织创新或营销创新，占全部规模以上企业的 34.7%；实现组织创新的企业占比为 27.6%；实现营销创新的企业占比为 25.5%；同时实现组织创新和营销创新的企业占比为 18.4%（图 1–17）。

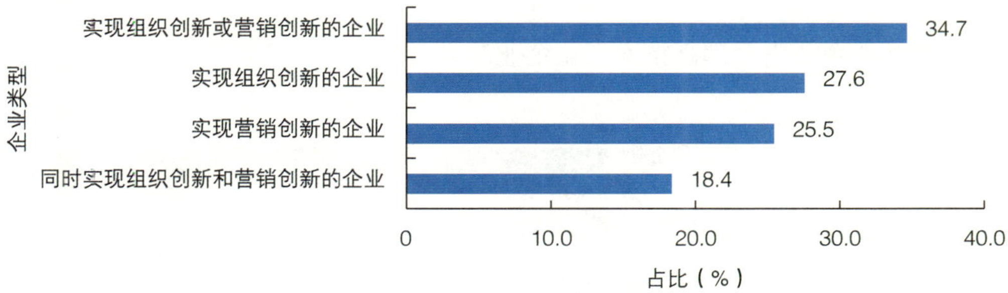

图1–17　实现组织创新或营销创新的企业占全部规模以上企业的比重（2019年）

2.企业组织创新或营销创新存在产业和地区差异

分产业看，工业企业中实现了组织创新或营销创新的企业占比最高，达到 41.0%；其次为服务业（29.3%）；建筑业占比最低，为 28.0%。分地区看，东部地区实现组织创新或营销创新的企业占比最高，达 35.2%；其次为中部地区、西部地区，分别为 34.7% 和 34.6%；东北地区占比最低，为 27.0%（图 1–18）。

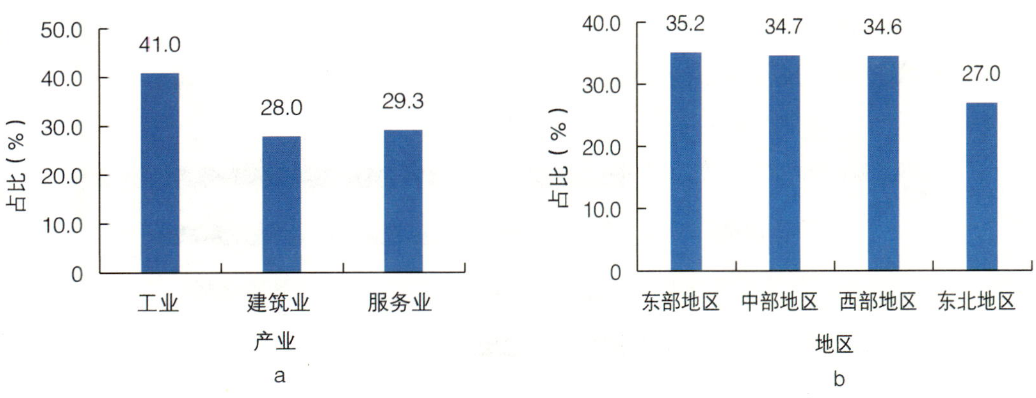

图1–18　实现组织创新或营销创新的企业按产业和地区分布（2019年）

三、规模以上高技术产业企业创新特征

1.高技术产业企业实现创新的比例显著高于规模以上企业整体水平

实现产品创新和实现工艺创新的高技术产业企业均为 2.0 万家，占高技术产业企业的比重分别为 55.3% 和 55.7%，显著高于规模以上企业整体水平（19.3% 和 21.4%）；实现产品创新或工艺创新的高技术产业企业占全部高技术产业企业的 66.6%，亦显著高于规模以上企业整体水平（25.6%）；同时实现产品创新和工艺创新的高技术产业企业占全部高技术产业企业的 44.4%（图 1–19）。

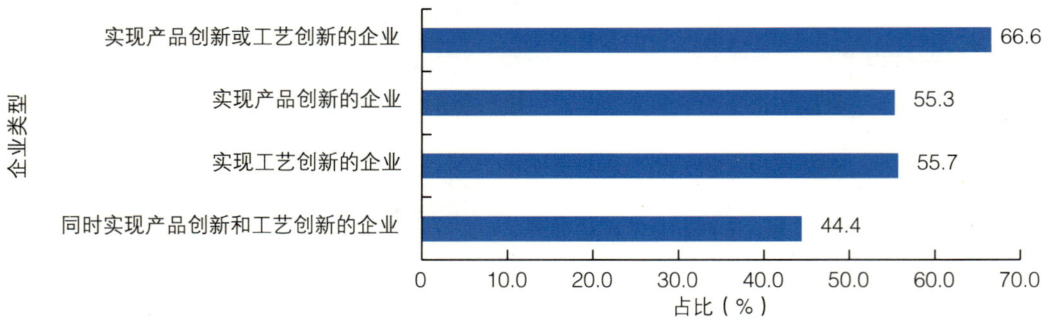

图1–19　实现产品创新或工艺创新的高技术产业企业占全部高技术产业企业的比重（2019年）

高技术产业企业实现组织创新和营销创新的企业数分别为 1.7 万家、1.6 万家，占高技术产业企业的比重分别为 48.0% 和 45.8%，均显著高于规模以上企业整体水平（27.6% 和 25.5%）；实现组织创新或营销创新的高技术产业企业占全部高技术产业企业的 58.4%，亦显著高于规模以上企业整体水平（34.7%）；同时实现组织创新或营销创新的高技术产业企业占全部高技术产业企业的 35.3%（图 1–20）。

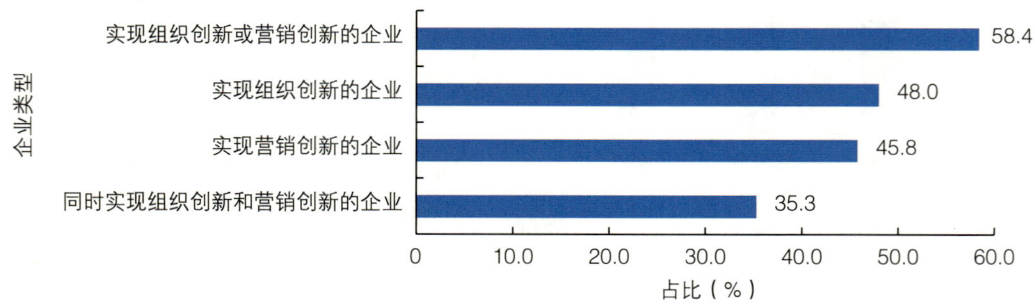

图1–20　实现组织创新或营销创新的高技术产业企业占全部高技术产业企业的比重（2019年）

东部地区实现产品创新或工艺创新的高技术产业企业占比最高，为69.6%；其次为中部地区（61.5%）和西部地区（59.5%）；东北地区企业占比仅为55.4%（图1–21）。实现组织创新或营销创新的高技术产业企业占比的地区分布较为均衡。其中，西部地区企业占比最高，为59.2%；其次为东北地区和东部地区企业，分别为58.8%和58.5%；中部地区企业占比最低，为57.6%（图1–22）。

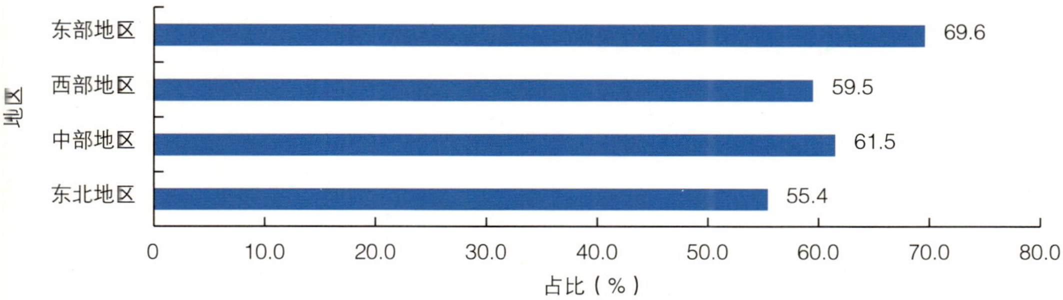

图1–21　实现产品创新或工艺创新的高技术产业企业按地区分布（2019年）

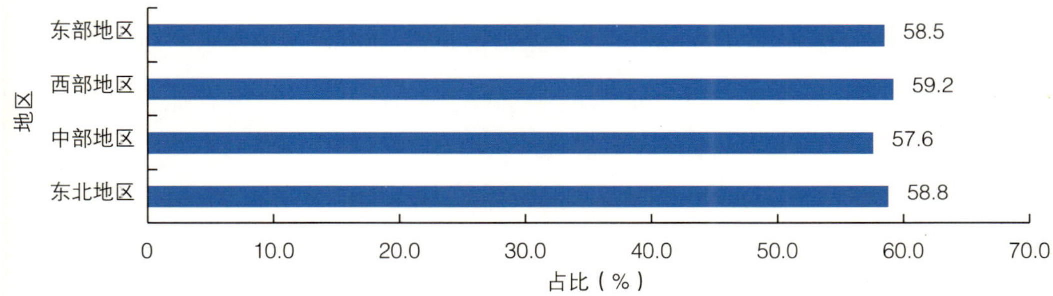

图1–22　实现组织创新或营销创新的高技术产业企业按地区分布（2019年）

2.独立开发是企业产品创新和工艺创新的主导模式

在实现产品创新的高技术产业企业中，有91.9%的企业选择独立开发模式，高于规模以上企业整体水平（86.1%）；分别有10.5%和9.0%的企业选择与境内高等学校合作开发和与境内其他企业合作开发；同时，有逾6%的企业选择与集团内企业合作开发（图1–23）。

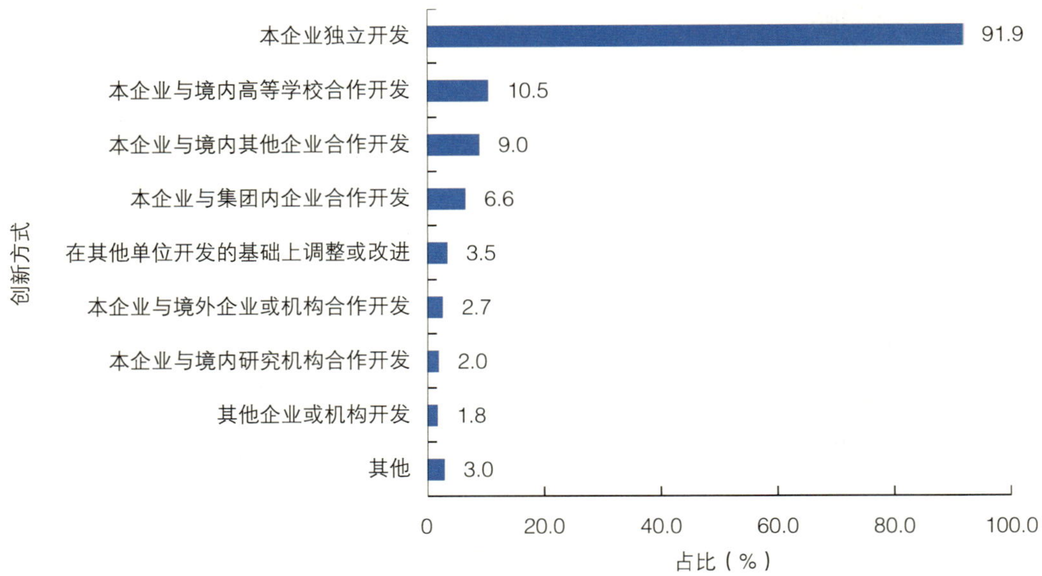

图1-23　实现产品创新的高技术产业企业的创新方式（2019年）

在实现工艺创新的高技术产业企业中，高达 86.4% 的企业选择独立开发模式，高于规模以上企业整体水平（77.5%）。与实现产品创新的高技术产业企业类似，分别有 10.1% 和 11.2% 的企业选择与境内高等学校合作开发、与境内其他企业合作开发（图 1–24）。

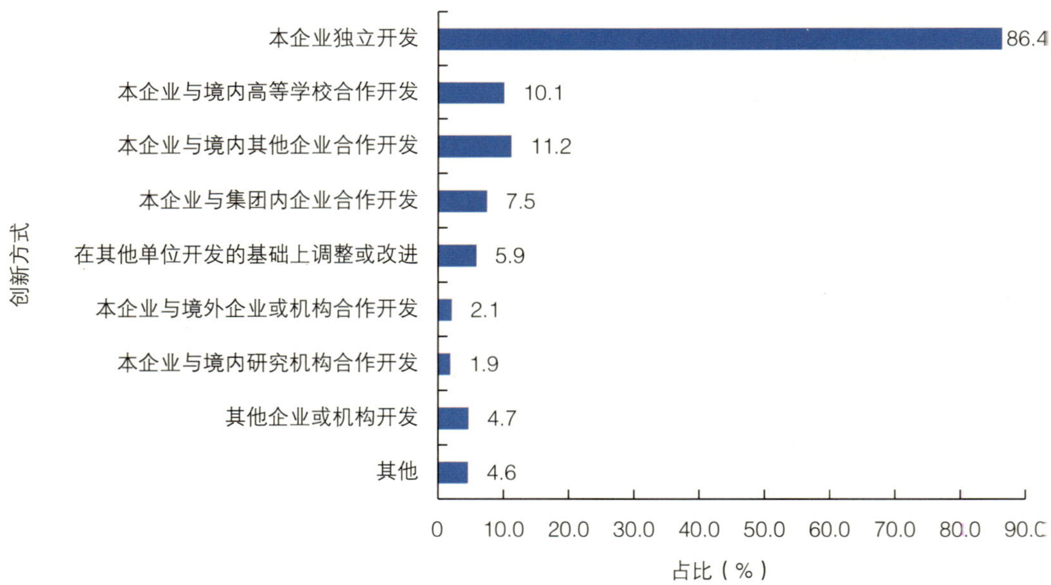

图1-24　实现工艺创新的高技术产业企业的创新方式（2019年）

3.开展内部研发、购买机器设备和软件是最主要的创新活动类型

高技术产业企业创新活动类型分布与规模以上企业整体分布类似，但主要创新活动类型占比均有所提高。在开展产品创新或工艺创新活动的高技术产业企业中，有 74.9% 的企业开展内部研发活动，显著高于规模以上企业整体水平（56.4%）；有 74.4% 的企业存在购买机器设备和软件的创新活动；44.6% 的企业提供了相关培训；进行相关设计、市场推介的企业占比分别为 25.7% 和 22.7%；进行外部研发、从外部获取相关技术的企业占比分别为 14.9% 和 2.8%（图 1–25）。

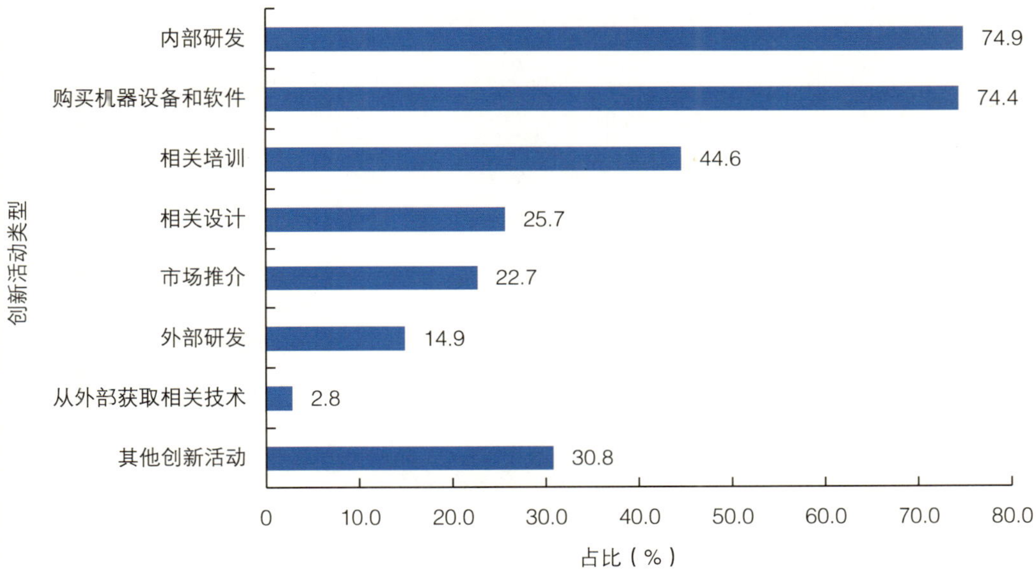

图1–25 开展产品创新或工艺创新活动高技术产业企业的创新活动类型（2019年）

4.企业内部研发支出占创新经费比重近60%

2019 年，高技术产业企业创新经费支出为 6348.1 亿元。内部研发经费支出占创新经费支出的比重达 59.9%，是最主要的创新经费支出项目；购买机器设备和软件经费支出占创新经费支出的比重为 26.4%；外部研发经费支出占创新经费支出的比重为 7.5%；从外部获取相关技术经费支出占创新经费支出的比重为 6.2%（图 1–26）。

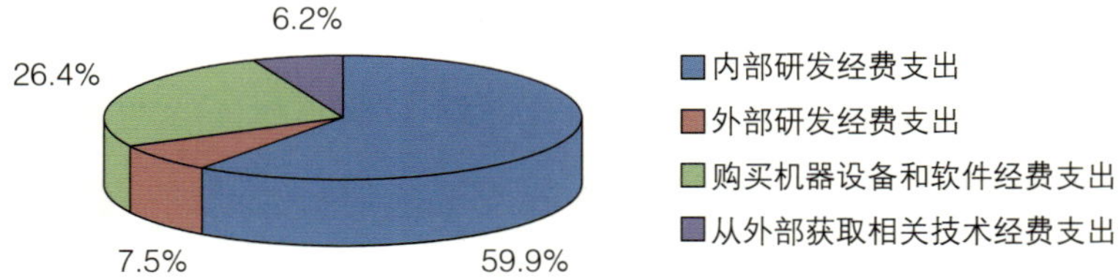

图1-26　高技术产业企业创新经费构成（2019年）

四、规模以上企业企业家对创新活动和创新政策的认识

1.近九成企业家认为创新对企业的生存和发展起作用

在企业家中，有 32.3% 的企业家认为创新对企业的生存和发展起了重要作用；有 56.2% 的企业家认为创新对企业的生存和发展起了一定作用，认为创新不起作用的人员占比为 11.5%（图 1–27）。

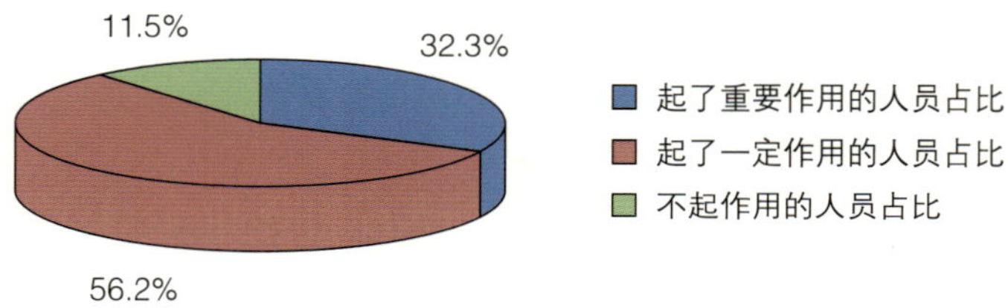

图1-27　企业家对创新的总体认识（2019年）

2.超过70%的企业家认为员工对企业的认同感、高素质的人才至关重要

在开展创新活动的企业中，有 77.1% 的企业家认为员工对企业的认同感会深刻影响企业创新，其成为企业家认为的对创新成果最大的影响因素；有 75.1% 的企业家认为高素质的人才对于创新成功至关重要，体现了人力资本对于企业创新的重要性；分别有 74.1% 和 73.9% 的企业家认为企业内部的激励措施和有创新精神的企业家是影响创新成功的重要因素；认为畅通的信息渠道、有效的技术战略或计划、充足的经费支持、可信赖的创新合作伙伴及优惠政策的扶持对创新成功重要的企业家占比均超过 60%（图 1–28）。

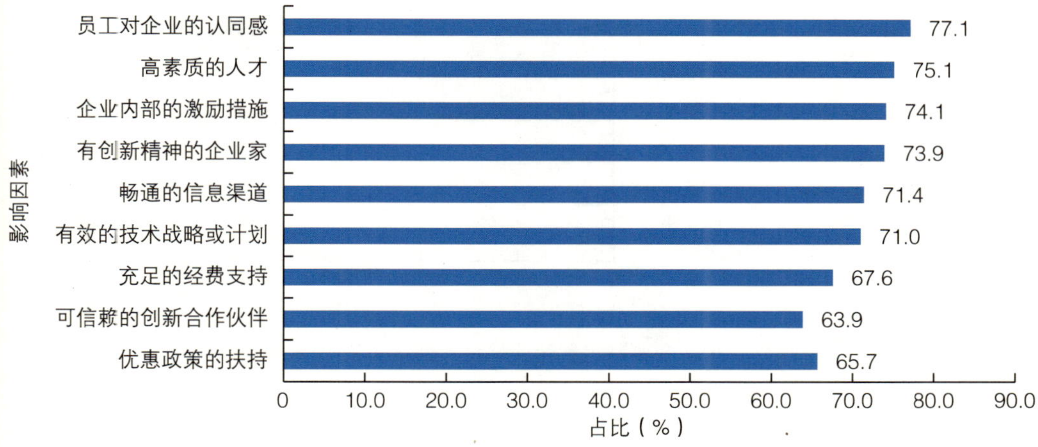

图1-28　企业家对影响创新成功的重要因素的认识（2019年）

3.近70%的企业家认为增加工资或奖金的创新激励措施效果明显

在开展创新活动的企业中，有68.9%的企业家认为增加工资或奖金的创新激励措施效果明显；分别有59.4%和47.1%的企业家认为岗位调整或升职机会、培训或深造机会是非常有效的创新激励措施；有17.2%的企业家表示汽车、住房等物质奖励创新激励效果显著；有16.0%的企业家强调股权或期权有重要的激励作用（图1–29）。

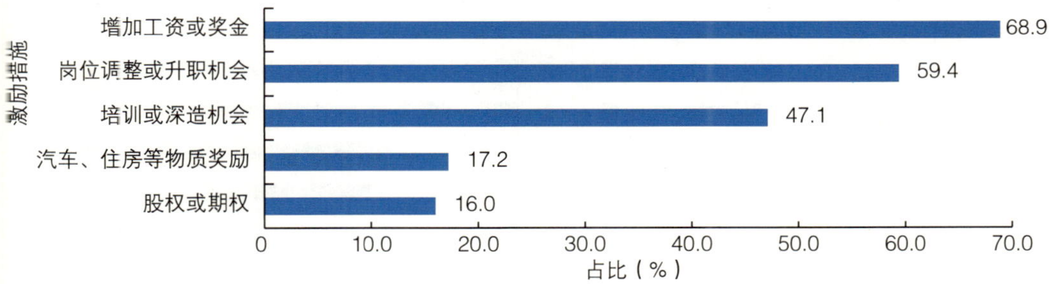

图1-29　企业家对创新激励措施的认识（2019年）

4.增加创新投入、提升企业竞争力是企业的主要战略目标

2019年制定创新战略目标的企业为44.1万家，占全部规模以上企业的54.8%。在制定创新战略目标企业中，有51.7%的企业制定了增加创新投入，提升企业竞争力的目标；有20.6%的企业制定了赶超同行业国内领先企业的目标；有17.9%的企业制定了保持现有的技术水平和生产经营状况的目标；制定赶超同行业国际领先企业和保持本领域的国际领先地位的企业占比分别为5.5%和4.0%（图1–30）。

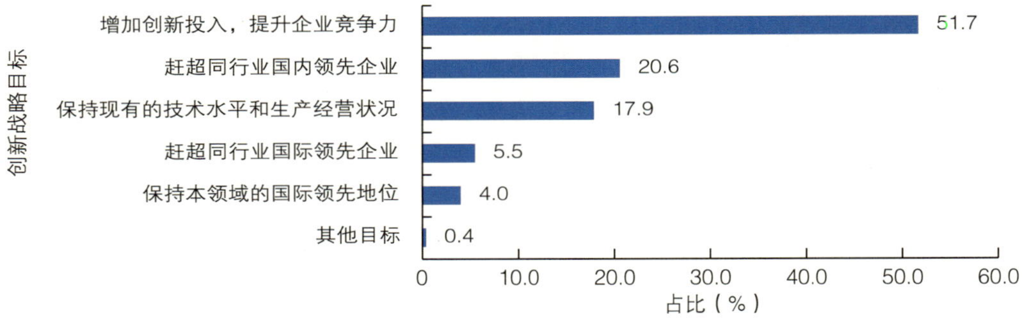

图1-30 企业制定创新战略目标情况（2019年）

5.超40%的企业家对知识产权政策和研发费用税收优惠政策予以肯定

在开展创新活动的企业中，分别有 42.9% 和 47.3% 的企业家认为创造和保护知识产权相关政策、企业研发费用加计扣除税收优惠政策效果较明显；42.0% 的企业家认为高新技术企业所得税减免政策具有显著效果；超过 30% 的企业家认为促进科技成果转化相关政策、鼓励企业吸引和培养人才相关政策、优先发展产业的支持政策、金融支持相关政策、关于推进大众创业万众创新的各项政策、企业研发活动专用仪器设备加速折旧政策效果较明显；超过 20% 的企业家认为技术转让、技术开发收入免征增值税和技术转让减免所得税优惠政策，科技创新进口税收政策具有显著效果（图 1-31）。

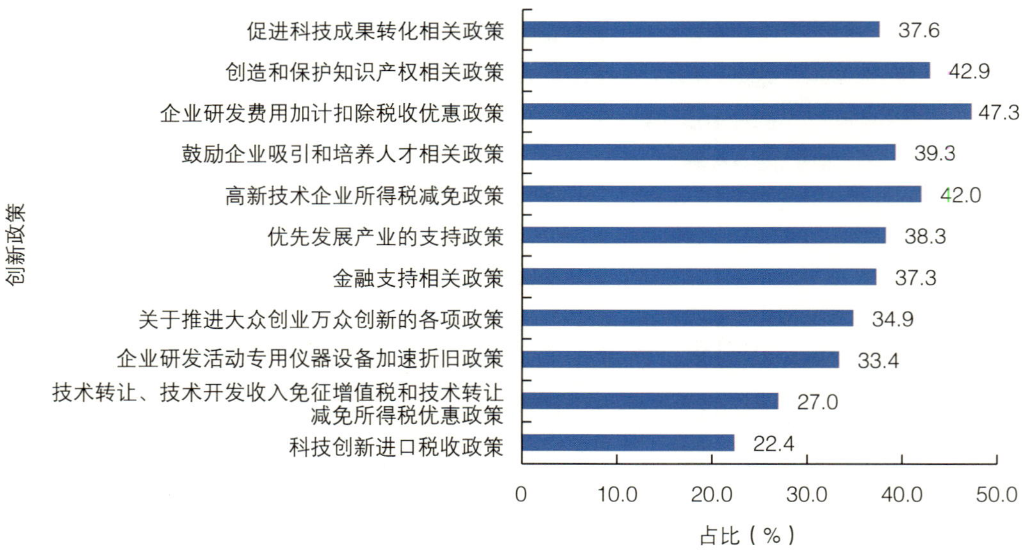

图1-31 规模以上企业企业家对创新政策效果的认识（2019年）

五、规模以下企业创新特征

（一）企业总体情况

2019 年，规模以下企业总数 66 828 家，开展创新活动的规模以下企业数为 1.2 万家。实现产品创新和工艺创新的企业数分别为 0.4 万家和 0.3 万家，占全部规模以下企业的比重为 5.4% 和 4.4%，均显著低于规模以上企业整体水平（19.3% 和 21.4%）；实现产品创新或工艺创新的规模以下企业占全部规模以下企业的 8.3%，亦显著低于规模以上企业整体水平（25.6%）（图 1–32）。

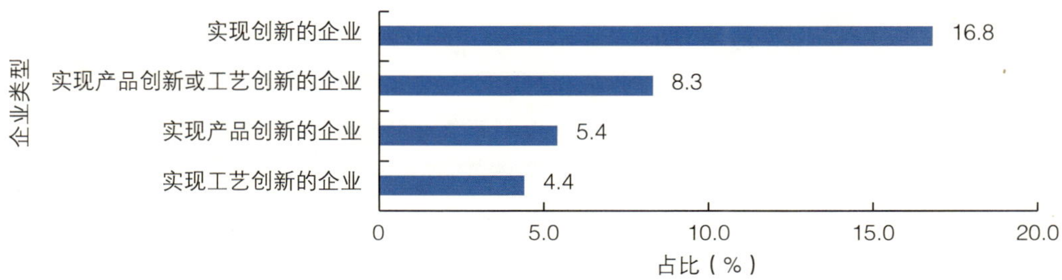

图1–32　实现产品创新或工艺创新的规模以下企业占全部规模以下企业的比重（2019年）

规模以下企业实现组织创新和营销创新的企业数均为 0.4 万家，占全部规模以下企业的比重分别为 6.0% 和 5.7%，显著低于规模以上企业整体水平（27.6% 和 25.5%）；实现组织创新或营销创新的企业占全部规模以下企业的 10.4%，亦显著低于规模以上企业整体水平（34.7%）（图 1–33）。

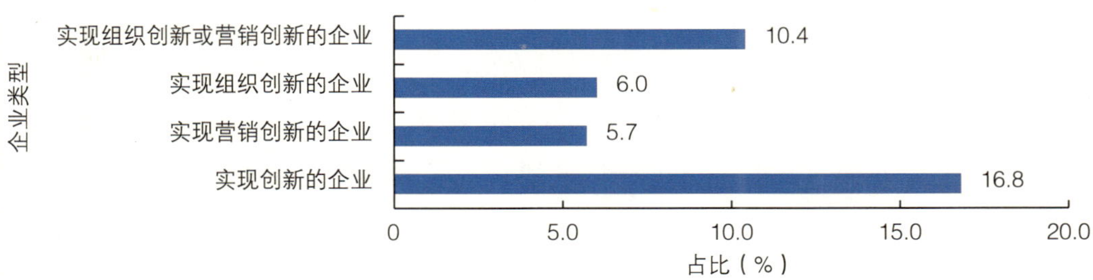

图1–33　实现组织创新或营销创新的规模以下企业占全部规模以下企业的比重（2019年）

对于企业开展创新活动的成效，超过 1/4 的企业认为创新降低了生产经营成本、提高了生产效率及提高了产品或服务质量，其占比分别为 28.8%、27.1% 和 33.1%；22.5% 的企业认为创新增加了利润；认为创新增加了产品或服务的品种、改善了工作条件的企业占比分别为 24.6% 和 19.6%；认为创新扩大了市场份额、减少了环境污染的企业占比分别为 17.6% 和 14.6%；2.5% 的企业认为创新扩大了出口（图 1–34）。

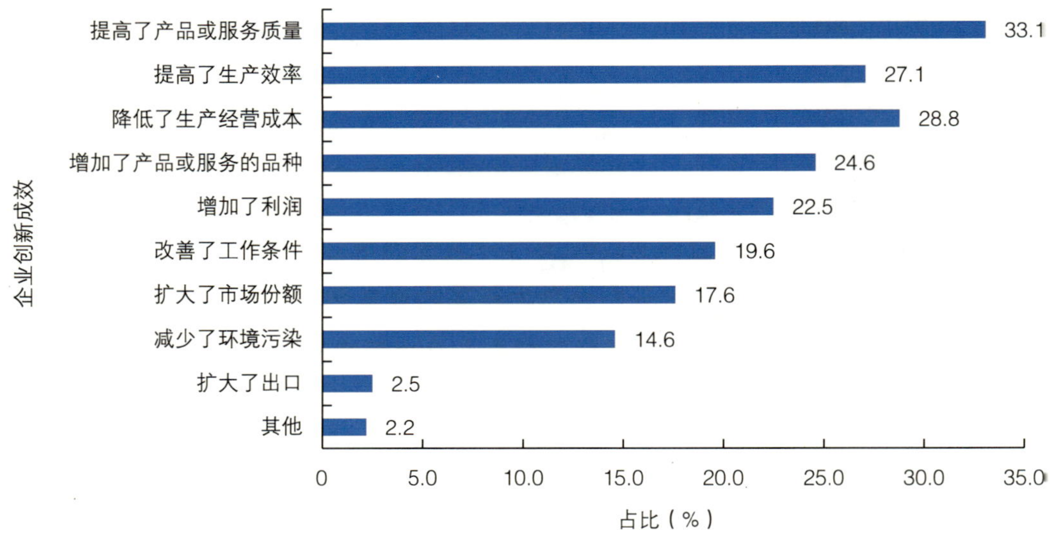

图1–34　企业创新成效情况（2019年）

（二）企业开展技术创新情况

1.自有资金和银行贷款是最主要的创新资金来源

2019 年，在实现产品或工艺创新的规模以下企业中，有 89.1% 的企业使用自有资金进行技术创新；分别有 21.0% 和 6.4% 的企业通过银行贷款、民间借贷进行技术创新；5.8% 的企业通过政府资金进行技术创新；众筹的企业占比为 2.5%；风险投资和接受委托资金的企业占比为 1.5% 和 0.9%（图 1–35）。

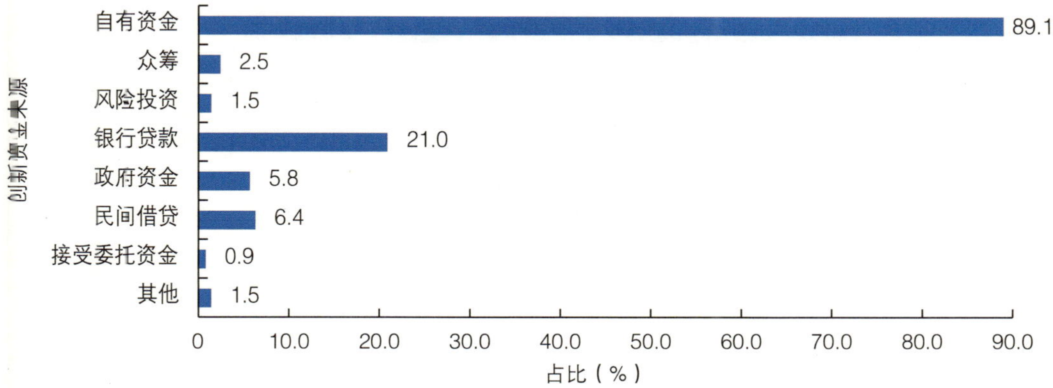

图1-35　规模以下企业产品或工艺创新资金来源分布（2019年）

2.独立研发是最主要的技术来源

2019 年，规模以下企业实现产品或工艺创新的企业为 0.5 万家。独立研发是其最主要的技术来源，占比达 64.5%；利用合作开发和购买技术的企业占比分别为 28.4% 和 16.3%；委托开发的企业占比为 8.0%（图 1–36）。

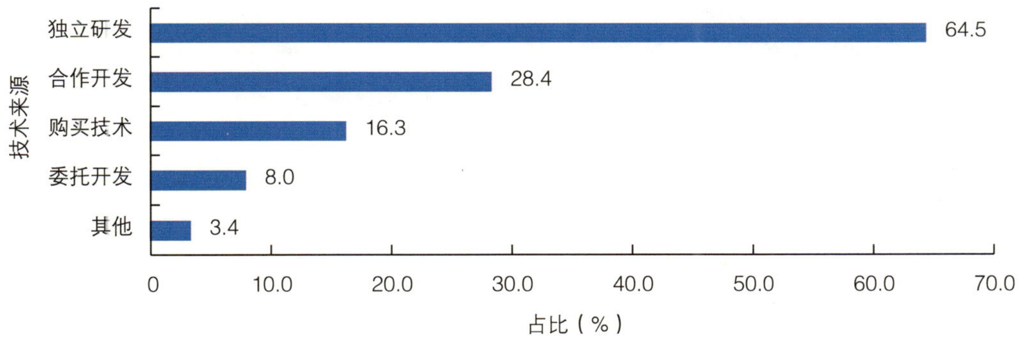

图1-36　规模以下企业产品或工艺创新技术来源分布（2019年）

3.约半数企业与客户或供应商合作

2019 年，规模以下企业有产品或工艺创新合作的企业为 0.2 万家。客户或供应商成为这些创新合作企业最主要的合作伙伴，占比达 49.2%；产学研合作和其他企业的占比分别为 36.4% 和 40.6%，其中，产学研合作包含单独与高校开展合作和单独与科研院所开展合作两部分，两者占比分别为 27.8% 和 18.0%（图 1–37）。

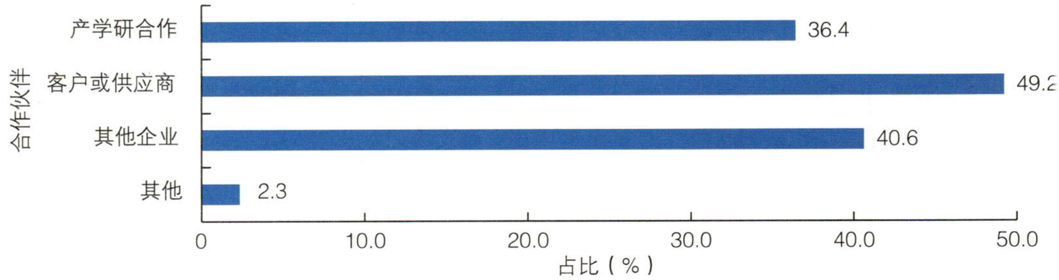

图1-37　规模以下企业产品或工艺创新合作伙伴分布（2019年）

4.企业的主要创新困难为人才短缺与资金不足

人才短缺和资金不足成为实现产品或工艺创新的规模以下企业中最主要的创新困难，占比分别为 54.5% 和 52.9%；市场环境不佳和适用技术短缺的占比分别为 38.3% 和 16.5%；认为知识产权保护不力是企业主要创新困难的企业占 7.6%（图 1–38）。

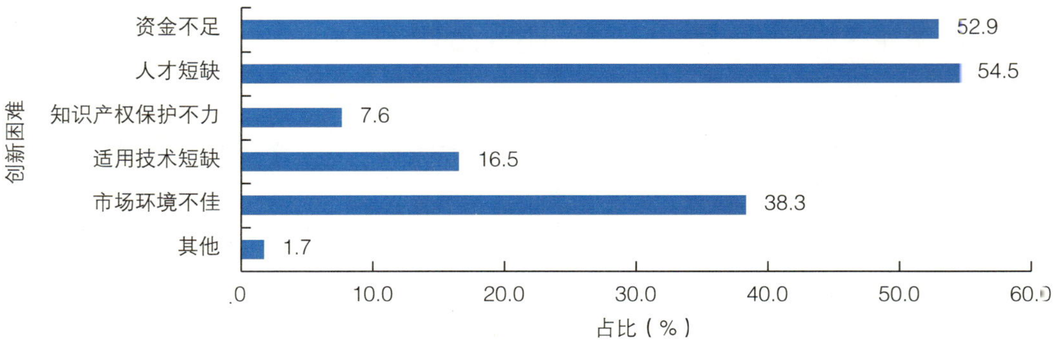

图1-38　规模以下企业产品或工艺创新中的主要困难（2019年）

（三）企业创新政策情况

1.税收减免是规模以下企业享受到的最主要创新政策

2019 年，享受了创新相关政策的规模以下企业为 0.7 万家，占开展创新活动的规模以下企业的 63.4%。税收减免成为规模以下企业享受到的最主要政策，占比为 75.2%；平台支撑和金融服务的占比分别为 13.5% 和 10.4%；认为知识产权保护和人才保障是企业享受的主要政策的企业分别占 13.1% 和 12.3%；作为创新政策的政府采购占比为 5.9%（图 1–39）。

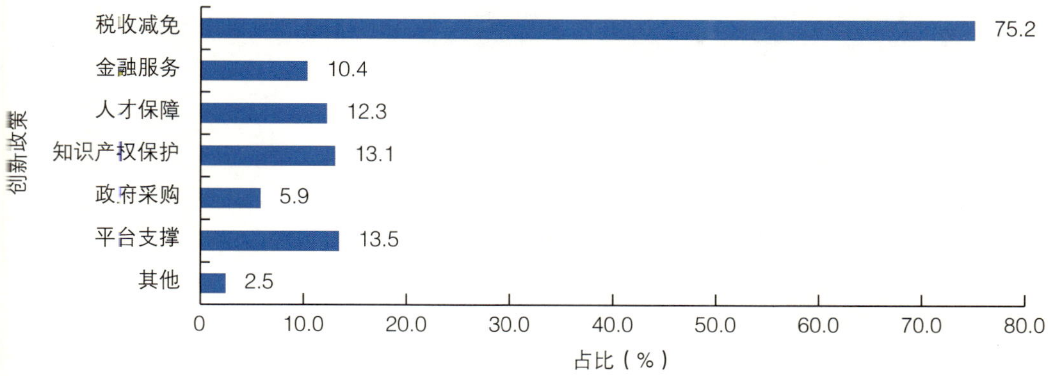

图1-39　规模以下企业享受创新政策情况（2019年）

2.不满足享受政策条件成为阻碍企业创新政策落实的最大因素

不满足享受政策条件的企业占比为46.1%；不知道有相关政策和政策办理手续烦琐的企业占比分别为34.7%和17.8%；认为政策吸引力不足和政策执行力度不够是影响企业创新政策落实的主要因素的企业占比分别为14.9%和11.4%（图1-40）。

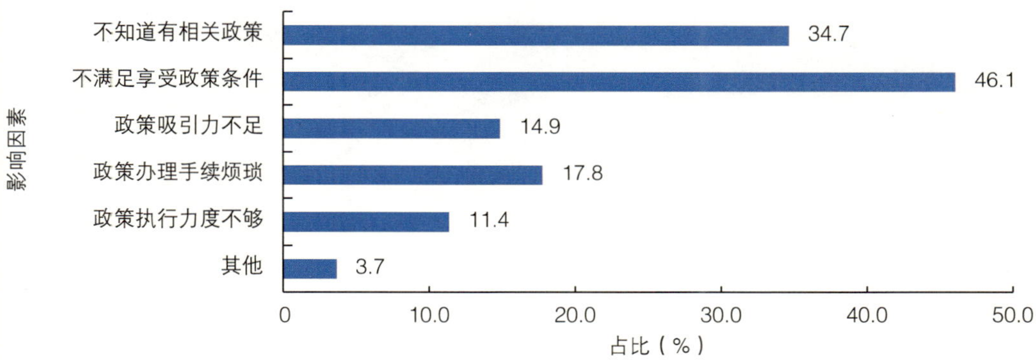

图1-40　影响规模以下企业创新政策落实的主要因素（2019年）

历史篇

第二章

企业创新能力评价指标体系构成

一、总体说明

（一）企业创新能力界定

企业创新能力一方面体现在创新的多维度性，包括产品创新、工艺创新、组织创新及营销创新；另一方面体现在创新的全流程性，包括创新投入、创新产出和创新成果商业化 3 个过程。鉴于此，本报告认为企业的创新能力可以体现在以下 4 个方面：一是企业的创新投入能力，包括企业 R&D 经费与 R&D 人员投入，既包括投入的数量，也包括投入的质量，即高质量的 R&D 经费投入及人才投入结构；二是创新资源协调能力，包括与其他主体进行合作创新、从外部获得技术支持的能力，还包括与政府形成良好互动、利用政策资源的能力；三是知识产权能力，包括知识产权创造、知识产权保护、知识产权运营及将知识产权优势转化为利润优势的能力；四是创新驱动能力，包括新产品的市场开拓能力、国际市场影响力及对于经济社会的推动力。

（二）构建企业创新能力评价指标体系的基本原则

本报告在构建企业创新能力评价指标体系时，主要遵循以下 3 个基本原则：一是构建的指标体系能够全面、系统地反映企业创新能力的变化；二是确保指标数据的权威性、完整性及统计口径的一致性，增强基础数据的连续性及可对比性，生成评价指标的基础数据均来自政府统计调查制度，采用国家或部门统计标准计算而来的统计指标；三是确保数据的公开性，生成评价指标的基础数据均来自公开出版物，包括《中国科技统计年鉴》《中国统计年鉴》《工业企业科技活动统计年鉴》《全国企业创新调查年鉴》《中国工业统计年鉴》等。

（三）企业创新能力评价指标体系构成

基于对企业创新能力基本特征的理解，并充分参考国外关于创新能力评价的相关研究成果，如经济合作与发展组织的《OECD 科学技术和工业记分牌》、欧盟的《欧洲创新记分牌》，以及国内较有影响力的评价研究，包括《国家创新指数报告》《中国区域创新能力报告》《创新型国家进程统计监测研究报告》，本报告构造了包括创新投入能力、协同创新能力、知识产权能力和创新驱动能力 4 个一级指标、12 个二级指标和 24 个三级指标在内的企业创新能力指标体系。在三级指标的设计上，采用了相对指标与绝对指标相结合的方法，以更真实地反映企业创新能力。

二、指标体系框架

（一）创新投入能力

创新投入能力反映企业开展创新活动的意愿和投入力度，主要从创新经费、创新人力及研发机构 3 个方面来反映，包括 3 个二级指标和 6 个三级指标。

其中，创新经费包括创新经费投入、R&D 经费支出占主营业务收入比重 2 个指标，分别反映创新经费投入总量及创新经费中核心构成的 R&D 投入比重两个方面；创新人力包括 R&D 人员占就业人员比重、企业 R&D 人员中硕士博士学历人员比重 2 个指标，分别反映 R&D 人员占比及其学历结构两个方面；研发机构包括有研发机构的企业占工业企业的比重、研发机构 R&D 经费投入占企业 R&D 经费的比重 2 个指标，分别反映研发机构设置比例、研发机构的实际经费支出情况两个方面。

（二）协同创新能力

协同创新能力反映企业在利用外部创新资源、开展合作创新方面的能力，主要从创新合作、创新资源整合、创新政策利用 3 个方面来反映，包括 3 个二级指标和 6 个三级指标。

其中，创新合作包括创新合作企业占全部企业比重、企业 R&D 经费外部支出中高校和研究机构所占比重 2 个指标，分别反映创新合作企业的比例、创新合作的实际经费支出情况两个方面；创新资源整合包括购买国内技术经费支出与引进技术经费支出的比值、消化吸收经费支出与引进技术经费支出的比值 2 个指标，分别反映国内技术供应能力、企业技术消化能力两个方面；创新政策利用包括使用来自政府部门的科技活动资金、研发费用加计扣除减免税 2 个指标，政府科技资金支持与研发费用加计扣除是目前我国最为重要的两项激励企业创新的政策工具，企业从这两个政策中获得的资金支持能够在很大程度上反映企业利用创新政策的能力。

（三）知识产权能力

知识产权能力反映企业在知识产权创造、运用和保护方面的表现，主要从知识产权创造、知识产权保护和知识产权运用 3 个方面来反映，包括 3 个二级指标和 6 个三级指标。

其中，知识产权创造包括每亿元 R&D 经费投入的专利申请量、企业发明专利申请量占专利申请量的比重 2 个指标，分别反映知识产权产出效率及产出质量两个方面；知识产权保护包括采取知识产权保护或相关措施的企业占全部企业的比重、万名企业就业人员商标拥有量 2 个指标，分别反映企业的知识产权保护意识及商标保护水平两个方面；知识产权运用包括万名企业就业人员有效发明专利量、专利所有权转让及许可收入 2 个指标，分别反映企业知识产权维持、利用并转化为经济收益的水平两个方面。

（四）创新驱动能力

创新驱动能力反映企业在创新价值实现、增强市场竞争力和推动经济发展方式转变方面的表现，主要从创新价值实现、市场影响力、经济社会发展 3 个方面来反映，包括 3 个二级指标和 6 个三级指标。

其中，创新价值实现包括新产品销售收入占主营业务收入比重、新产品出口占新产品销售收入比重 2 个指标，主要反映新产品销售密度、新产品出口密度两个方面；市场影响力包括进入国家阶段的 PCT 国际发明专利申请数、境外注册商标数 2 个指标，分别反映专利及商标在国际市场拓展过程中的作用；经济社会发展包括劳动生产率、综合能耗产出率 2 个指标，分别反映劳动生产效率及绿色生产水平。指标体系框架如表 2–1 所示。

表2-1 指标体系框架

一级指标	二级指标	三级指标
创新投入能力	1 创新经费	1.1 创新经费投入
		1.2 R&D 经费支出占主营业务收入比重
	2 创新人力	2.1 R&D 人员占就业人员比重
		2.2 企业 R&D 人员中硕士博士学历人员比重
	3 研发机构	3.1 有研发机构的企业占工业企业的比重
		3.2 研发机构 R&D 经费投入占企业 R&D 经费的比重
协同创新能力	4 创新合作	4.1 创新合作企业占全部企业比重
		4.2 企业 R&D 经费外部支出中高校和研究机构所占比重
	5 创新资源整合	5.1 购买国内技术经费支出与引进技术经费支出的比值
		5.2 消化吸收经费支出与引进技术经费支出的比值
	6 创新政策利用	6.1 使用来自政府部门的科技活动资金
		6.2 研发费用加计扣除减免税
知识产权能力	7 知识产权创造	7.1 每亿元 R&D 经费投入的专利申请量
		7.2 企业发明专利申请量占专利申请量的比重
	8 知识产权保护	8.1 采取知识产权保护或相关措施的企业占全部企业的比重
		8.2 万名企业就业人员商标拥有量
	9 知识产权运用	9.1 万名企业就业人员有效发明专利量
		9.2 专利所有权转让及许可收入
创新驱动能力	10 创新价值实现	10.1 新产品销售收入占主营业务收入比重
		10.2 新产品出口占新产品销售收入比重
	11 市场影响力	11.1 进入国家阶段的 PCT 国际发明专利申请数
		11.2 境外注册商标数
	12 经济社会发展	12.1 劳动生产率
		12.2 综合能耗产出率

三、具体指标说明

（一）创新经费

1.创新经费投入

该指标反映创新经费投入水平。创新经费投入包括 R&D 经费内部支出、R&D 经费外部支出、购买机器设备和软件经费支出、从外部获取相关技术经费支出。由于无法得到购买机器设备和软件经费支出的年度数据，因此本报告的创新经费投入包括 R&D 经费内部支出、R&D 经费外部支出、引进技术经费支出及购买国内技术经费支出。

2.R&D经费支出占主营业务收入比重

该指标反映企业 R&D 经费支出强度。计算方法为企业 R&D 经费内部支出／工业企业主营业务收入。其中，R&D 经费内部支出是指调查单位在报告年度用于内部开展 R&D 活动的实际支出，包括用于 R&D 项目（课题）活动的直接支出，以及间接用于 R&D 活动的管理费、服务费、与 R&D 有关的基本建设支出及外协加工费等。

（二）创新人力

1.R&D人员占就业人员比重

该指标反映 R&D 人员投入强度。计算方法为企业 R&D 人员数／企业就业人员数。其中，R&D 人员指报告期企业内部从事 R&D 活动的人员，包括直接参加 R&D 项目活动的人员、R&D 项目管理人员，以及为 R&D 活动提供资料文献、材料、设备维护等直接服务的人员；就业人员采用工业企业平均用工人数。

2.企业R&D人员中硕士博士学历人员比重

该指标反映 R&D 人员的学历结构。其中，研究生包括博士毕业生、硕士毕业生。

（三）研发机构

1.有研发机构的企业占工业企业的比重

该指标反映企业研发机构的设置情况。计算方法为有研发机构的企业数／工业企业数。企业办研发机构是指企业自办或与外单位合办、在管理上同生产系统相对独立（或单独核算）的专门研究开发机构。有研发机构的企业数能够反映企业 R&D 活动的组织载体情况。

2.研发机构R&D经费投入占企业R&D经费的比重

该指标反映研发机构的经费投入水平。计算方法为研发机构 R&D 经费投入／企业 R&D 经费内部支出。其中，研发机构 R&D 经费投入指报告期企业办研发机构用于内部开展研发活动实际支出的总费用，包括机构人员劳务费（含工资）支出、机构业务费支出、管理支出、固定资产购建支出及其他维持机构正常工作的日常费用等的支出总和。

（四）创新合作

1.创新合作企业占全部企业比重

该指标反映企业开展创新合作的活跃程度。创新合作是指企业与其他企业或者机构共同开展产品或工艺创新活动，不包括纯外包项目，其反映企业创新活动的开放性。

2.企业R&D经费外部支出中高校和研究机构所占比重

该指标反映企业与高校、科研院所的合作水平。其中，R&D 经费外部支出指报告期企业委托外单位或与外单位合作进行 R&D 活动而拨给对方的经费。R&D 经费外部支出反映企业利用外部知识的能力。

（五）创新资源整合

1.购买国内技术经费支出与引进技术经费支出的比值

该指标反映国内企业的技术供应能力。其中，购买国内技术经费支出指企业在报告期购买国内其他单位科技成果的经费支出，包括购买产品设计、工艺流程、图纸、配方、专利、技术诀窍及关键设备的费用支出。引进技术经费支出指企业在报告期用于购买境外技术的费用支出，包括产品设计、工艺流程、图纸、配方、专利等技术资料的费用支出，以及购买关键设备、仪器、样机和样件等的费用支出。

2.消化吸收经费支出与引进技术经费支出的比值

该指标反映企业的技术消化能力。其中，消化吸收经费支出指为掌握、应用、复制引进技术而开展工作，以及在此基础上进行创新的经费支出。消化吸收经费支出包括人员培训费、测绘费、参加消化吸收人员的工资、工装、工艺开发费、必备的配套设备费、翻版费等。

（六）创新政策利用

1.使用来自政府部门的科技活动资金

该指标反映企业获得政府科技资金支持的能力。使用来自政府部门的科技活动资金指企业在报告期使用的从政府有关部门得到的科技活动资金，包括纳入国家计划的中间试验费等。

2.研发费用加计扣除减免税

该指标反映企业获得税收优惠政策支持的能力。研发费用加计扣除减免税指企业按有关政策和税法规定税前加计扣除的研究开发活动费用所得税。

（七）知识产权创造

1.每亿元R&D经费投入的专利申请量

该指标反映企业的知识产权生产效率。其中，R&D 经费指 R&D 经费内部支出。专利是专利权的简称，是发明创造经审查合格后，由国务院专利行政部门依据专利法授予申请人对该项发明创造享有的专有权。在我国，专利包括发明、实用新型和外观设计 3 种。

2.企业发明专利申请量占专利申请量的比重

该指标反映企业专利的质量水平。其中，发明专利是指对产品、方法或者其改进所提出的新的技术方案。发明专利的平均质量较实用新型、外观设计要高。

（八）知识产权保护

1.采取知识产权保护或相关措施的企业占全部企业的比重

该指标反映企业的知识产权保护水平。采取知识产权保护或相关措施主要包括申请发明专利、申请实用新型或外观设计专利、申请注册商标、进行版权登记、形成国家或行业技术标准、对技术秘密进行内部保护、应用难以复制的复杂技术、发挥时间上的先发优势。

2.万名企业就业人员商标拥有量

该指标反映企业的商标保护水平。商标拥有量指企业在报告期末拥有的注册商标件数，包括在境内和境外注册的商标件数。

（九）知识产权运用

1.万名企业就业人员有效发明专利量

该指标反映企业的专利维持水平。其中，有效发明专利量指报告期末企业作为专利权人在报告期拥有的、经国内外知识产权行政部门授权，并且在有效期内的发明专利件数。

2.专利所有权转让及许可收入

该指标反映企业基于知识产权的获利能力。专利所有权转让及许可收入指报告年度调查单位向外单位转让专利所有权或允许专利技术由被许可单位使用而得到的收入，包括当年从被转让方或被许可方得到的一次性付款和分期付款收入，以及利润分成、股息收入等。

（十）创新价值实现

1.新产品销售收入占主营业务收入比重

该指标反映企业新产品的产出及利润实现能力。其中，新产品销售收入指企业销售新产品实现的收入总额。在填报不同新颖度新产品销售份额时，为了避免重复统计，按产品新颖度的最高档次填报。例如，当某一项产品既是国际市场新产品，又是国内市场新产品时，只将该产品计入国际市场新产品份额。主营业务收入指企业在销售商品、提供劳务等日常活动中所产生的收入总额。

2.新产品出口占新产品销售收入比重

该指标反映企业新产品的国际影响力。其中，新产品出口收入指工业企业在报告期内将新产品出售给外贸部门用于出口和直接出售给外商所实现的销售收入。

（十一）市场影响力

1.进入国家阶段的PCT国际发明专利申请数

该指标反映我国主体专利申请的国际影响力。其中，PCT是专利合作条约的简称，其设立旨在方便申请人在国际上寻求对其发明的国际专利保护，帮助专利局做出专利授予决定，便利公众查阅这些发明中涉及的丰富技术信息。通过PCT提交一件国际专利申请，申请人可以同时在全世界148个国家寻求对其发明的保护。PCT体系只是一个申请系统，不进入国家阶段就不能获得专利权，进入国家阶段后，还需要接受初步审查、国家公布、实质审查、授权公告等环节。

2.境外注册商标数

该指标反映我国主体商标申请的国际影响力。境外注册商标数指企业在报告期末拥有的在国外或港澳台注册的商标件数。

（十二）经济社会发展

1.劳动生产率

该指标反映生产效率水平。计算方法为国内生产总值／就业人员数。

2.综合能耗产出率

该指标反映生产的绿色、低能耗程度。计算方法为国内生产总值／能耗消费总量。

历史篇

第三章

企业创新能力动态评价

我国企业创新能力评价包括创新投入能力、协同创新能力、知识产权能力和创新驱动能力 4 个方面。2019 年，我国企业总体创新能力稳步增长，较 2011 年提升了 121.9%。创新经费投入和研发机构继续稳步增长，创新人力增速放缓；企业创新政策利用及创新资源整合能力显著提升，在创新合作方面发展缓慢；企业知识产权运用能力和知识产权保护能力显著提高，知识产权创造能力则呈持平态势；企业创新驱动能力明显增强，市场影响力增速提升，对经济社会发展的辐射力不断扩大。

一、企业创新能力总体评价

企业创新能力指数是企业在创新投入能力、协同创新能力、知识产权能力和创新驱动能力 4 个方面信息的系统集成。在权重选择方面，参考国内外权威研究报告的方法，采用等权重方法构造整体指数。为了体现企业在各个维度创新方面的动态变化，并确保数据的可比性，报告以 2011 年的数据为基期（指数为 100.0），计算以后各年的相对创新表现。

2019 年，企业创新能力指数比 2011 年增长了 121.9%。总体上，2011—2019 年，企业创新能力指数逐年稳步提升，提升幅度持续增加，企业创新能力呈稳步增强态势。（图 3–1）。

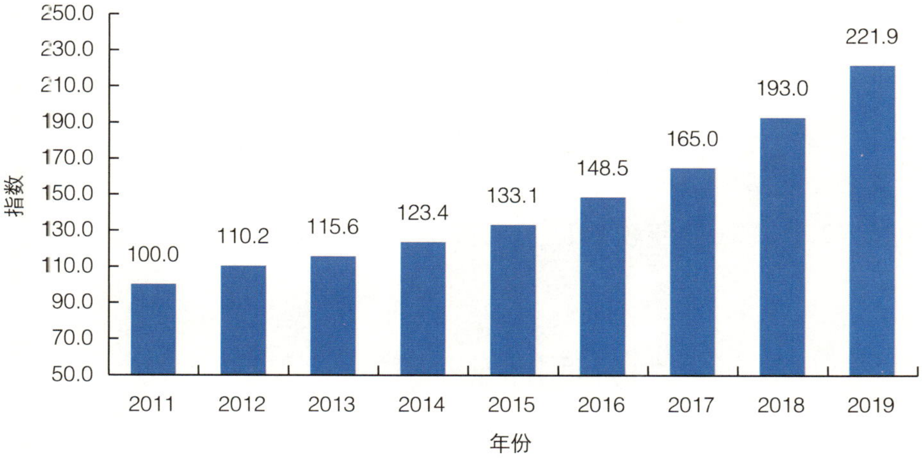

图3-1 企业创新能力总指数（2011—2019年）

2011 年以来，企业各个维度的创新能力均持续提升，但提升步伐不一（图 3–2）。截至 2019 年，知识产权能力指数提升幅度最大，较 2011 年增长了 202.1%；其次为创新驱动能力指数，较 2011 年增长了 106.6%；创新投入能力指数及协同创新能力指数分别居第 3、第 4 位，较 2011 年分别增长了 90.1% 及 88.9%。

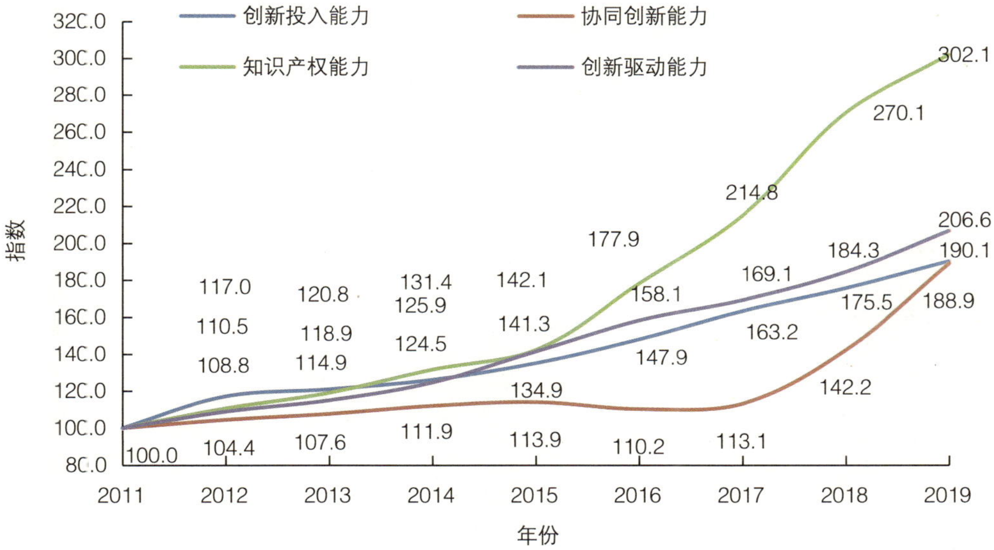

图3-2 企业创新能力分项指标指数（2011—2019年）

从 2011—2019 年的创新能力提升过程来看，创新投入能力指数在早期增长显著，2012 年增长了 17.0%，2013 年和 2014 年增长速度趋于平缓，2014 年之后增长速度逐渐回升；知识产权能力指数自 2012 年就保持着稳定的上升趋势，并在 2014 年实现增长领跑，2015 年后增长速度进一步加快；创新驱动能力指数保持稳定的上升趋势，2015 年赶超创新投入能力指数并齐头并进，2019 年两者之间的差距与 2015 年基本持平。相比之下，协同创新能力指数增长开始较为缓慢，但 2018 年起大幅提升。较 2011 年增长 42.2%，2019 年较 2011 年增长 88.9%。

二、企业创新能力分项指标评价

（一）创新投入能力

2019 年，企业创新经费及研发机构指标较 2011 年的增长幅度均超过 100%，创新人力投入较 2011 年增长 54.7%。创新经费呈稳步增长态势，相较于 2011 年逐年增长 10% 左右，2019 年较 2011 年增长 105.3%；研发机构在 2012 年实现一定程度的飞跃，其后两年基本保持不变，自 2015 年增长速度逐渐加快，2018 年该指标增速放缓，2019 年增速恢复，较 2011 年增长 110.4%；创新人力的变化情况和研发机构基本类似，2012 年增长较为明显，其后两年基本不变，2014 年之后增长速度有所加快，但其增速在 2019 年放缓，呈持平态势（图 3–3）。

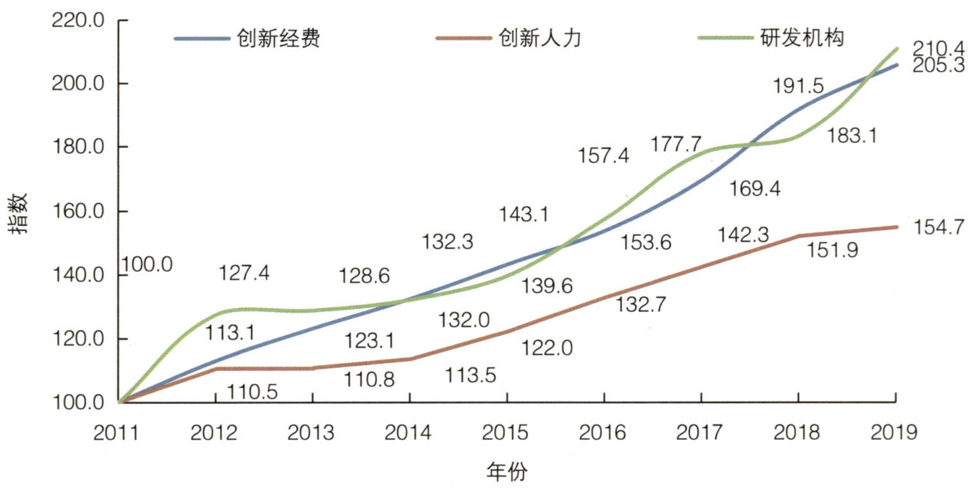

图3–3 企业创新投入能力分指数（2011—2019年）

1.创新经费投入迅速增长，R&D经费逐年增长，投入强度超过1%

创新经费投入呈逐年上升趋势，从 2011 年的 0.7 万亿元上升到 2019 年的 1.6 万亿元，增长了 126.2%。从年度创新经费增长率来看，2019 年的增长速度下降，较 2018 年下降 2.9 个百分点。持续增长的创新经费总量投入，为后期的创新成果实现奠定了坚实基础（图 3–4）。

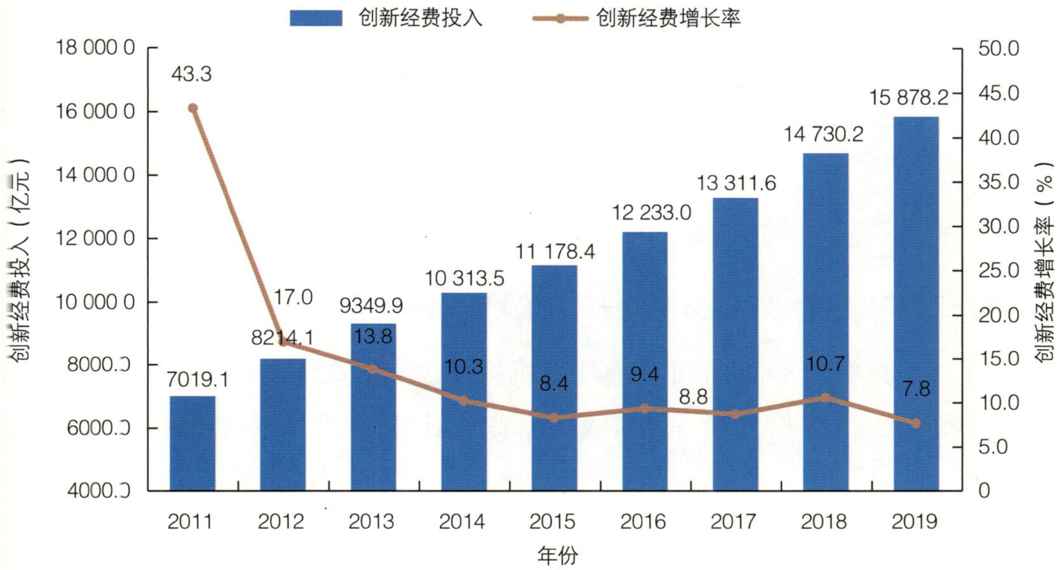

图3–4 企业创新经费投入（2011—2019年）

尽管创新经费总数庞大，但由于我国经济体量较大，R&D 经费的投入强度仍在 1% 左右，有待进一步提升。我国企业 2011—2016 年 R&D 经费支出占主营业务收入比重均低于 1%，2017 年、2018 年和 2019 年分别升至 1.06%、1.23% 和 1.31%。

2.企业R&D人员比重平稳增长，研究生占比在10%左右

我国企业 R&D 人员占就业人员比重呈逐年上升趋势，由 2011 年的 2.8% 上升到 2019 年的 5.6%；企业 R&D 人员中硕士博士学历人员比重呈波动趋势。2019 年，企业 R&D 人员中硕士博士学历人员比重回落至 9.7%（图 3–5）。

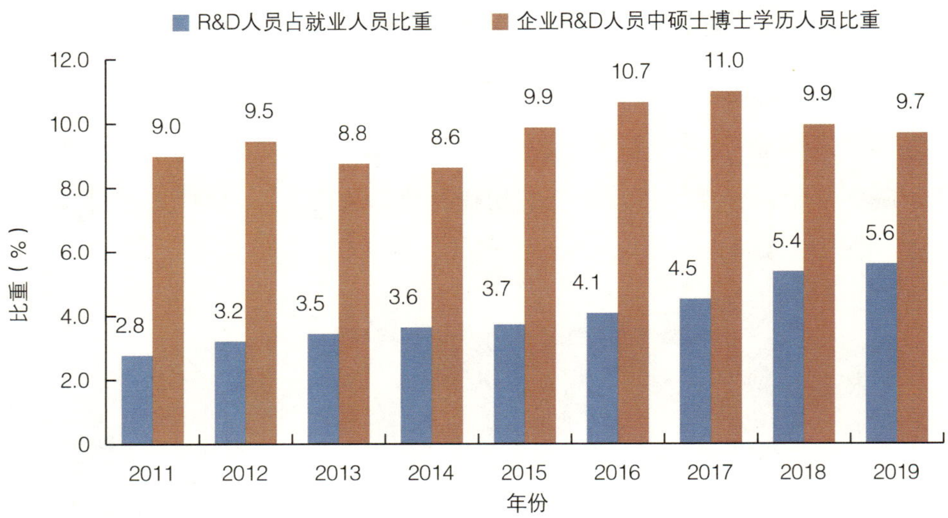

图3-5 企业R&D人员投入情况（2011—2019年）

3.有研发机构的企业占比不断上升，研发机构经费投入占比超过80%

2011 年，只有 7.8% 的企业拥有研发机构，这一比重到 2019 年上升至 22.6%；研发机构 R&D 经费投入占企业 R&D 经费的比重稳步增长至 2019 年的 87.2%（图 3–6）。

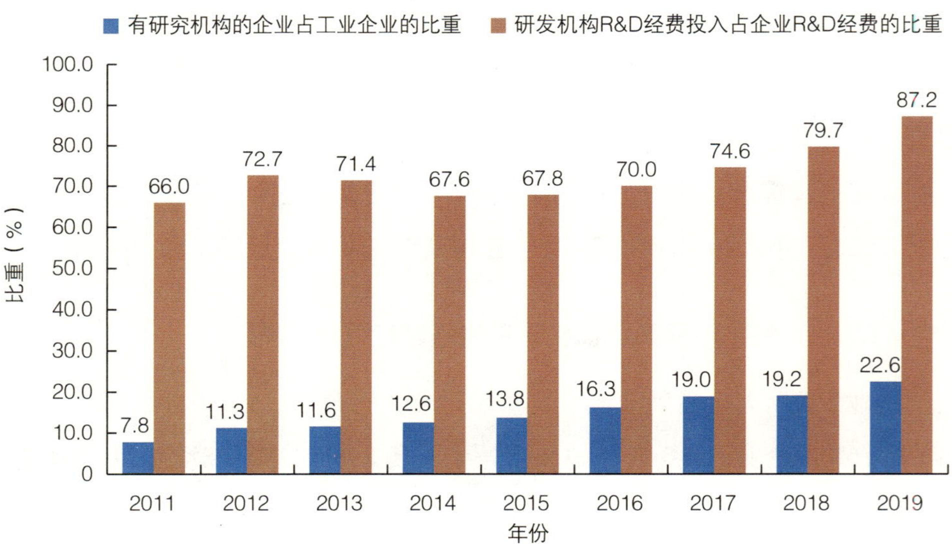

图3-6 企业研发机构设立情况（2011—2019年）

（二）协同创新能力

从反映协同创新能力的 3 个二级指数的表现看，企业创新政策利用能力指数呈不断增强之势，2019 年比 2011 年增长了 262.3%；企业创新合作能力指数在 2014 年之前有轻微下降，2017 年起下降幅度增大，2019 年该指数为 2011 年的 67.1%；创新资源整合能力指数在 2012—2016 年有所下降，但自 2017 年起逐步回升，2019 年为 2011 年的 137.3%。这表明我国企业在协同创新方面具有非同步性，创新合作开展能力及外部创新资源整合能力有待提升（图 3–7）。

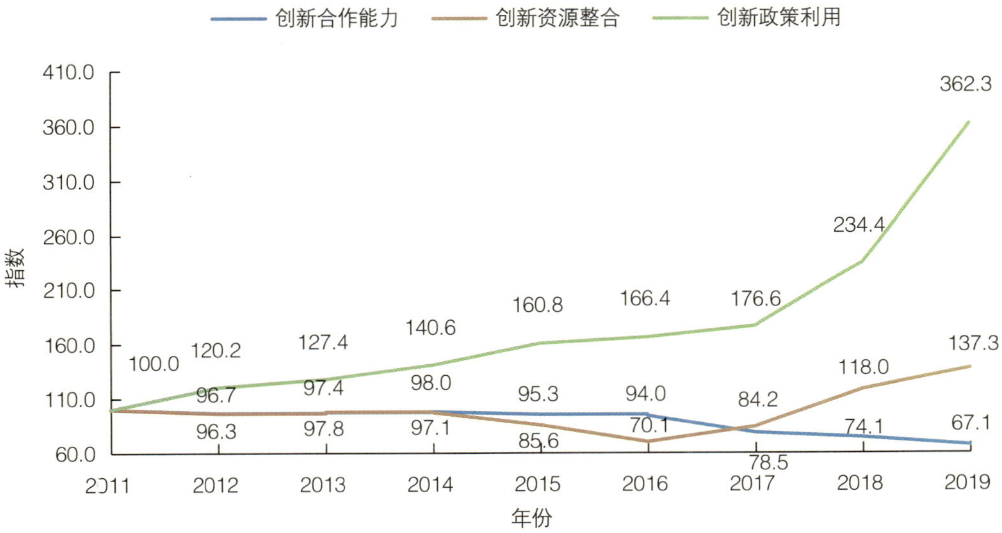

图3–7 企业协同创新能力分指数（2011—2019年）

1.企业R&D经费外部支出中高校与研究机构所占比重持续下降

我国企业 R&D 经费外部支出中高校与研究机构所占比重在 2017 年前呈平缓下降趋势，2017 年出现跳跃式下降，2018—2019 年继续维持下降态势。2011 年企业 R&D 经费外部支出中高校和研究机构所占比重为 62.5%，2012—2014 年出现轻微波动，2015 年和 2016 年维持在 59% 左右，2017—2019 年已逐步下降到 41.9%（图 3–8）。

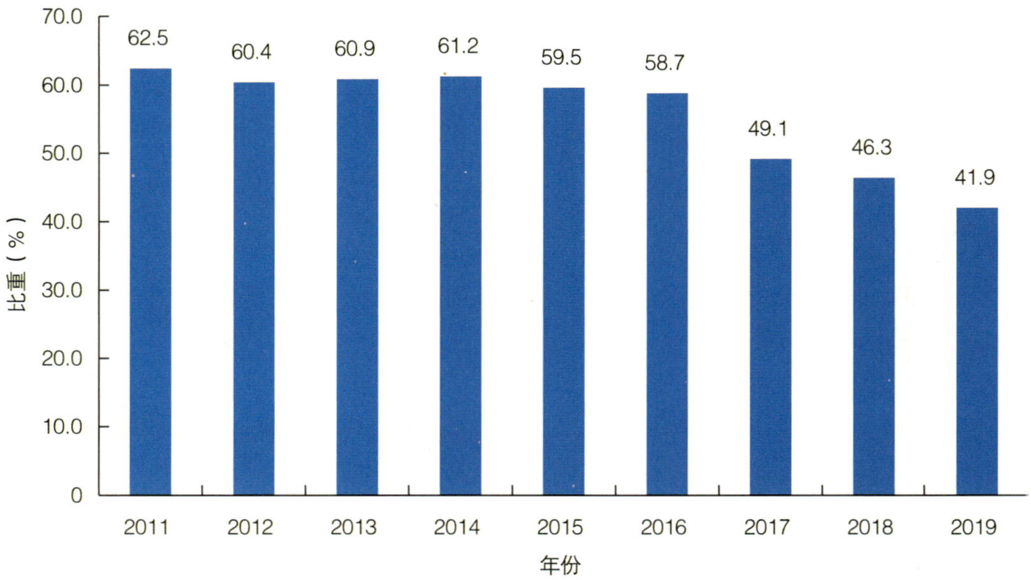

图3-8　企业R&D经费外部支出中高校和研究机构所占比重（2011—2019年）

2.企业购买国内技术的经费进一步增长，消化吸收经费小幅回升

2011—2015 年，企业购买国内技术经费支出与引进技术经费支出的比值呈上升趋势，从 49.1% 提高到 55.5%，2016 年出现了较明显的下降，为 43.8%，2017 年有所回升，为 50.3%，2018 年跳跃式增长至 94.6%，2019 年继续增长至 112.7%。企业消化吸收经费支出与引进技术经费支出的比值在 2011—2016 年持续下降，从 45.0% 降至 23.0%，2017 年短暂回升到 29.7%，2018 年下降至 19.6%，2019 年小幅回升至 20.3%（图 3–9）。从企业购买国内和国外技术的经费看，两者均呈现平稳波动的态势，2018 年购买国内技术经费比例出现大幅增长，2019 年继续保持增长态势。对应地，2011—2017 年，企业购买国内技术经费支出一直在 200 亿～ 220 亿元波动，2018 年较之前翻了一番，增长至 440.1 亿元，2019 年进一步增长至 537.4 亿元。引进国外技术经费支出从 2011 年的 449.0 亿元持续下降至 2014 年的 387.5 亿元，而后又持续上升，2019 年增至 476.7 亿元。与购买国内技术经费支出不同，消化吸收经费支出从 2011 年的 201.2 亿元持续下降到 2016 年的 109.2 亿元，2017 年略有上升，达 118.5 亿元，2018 年大幅下降至 91.0 亿元，2019 年小幅回升至 96.8 亿元。

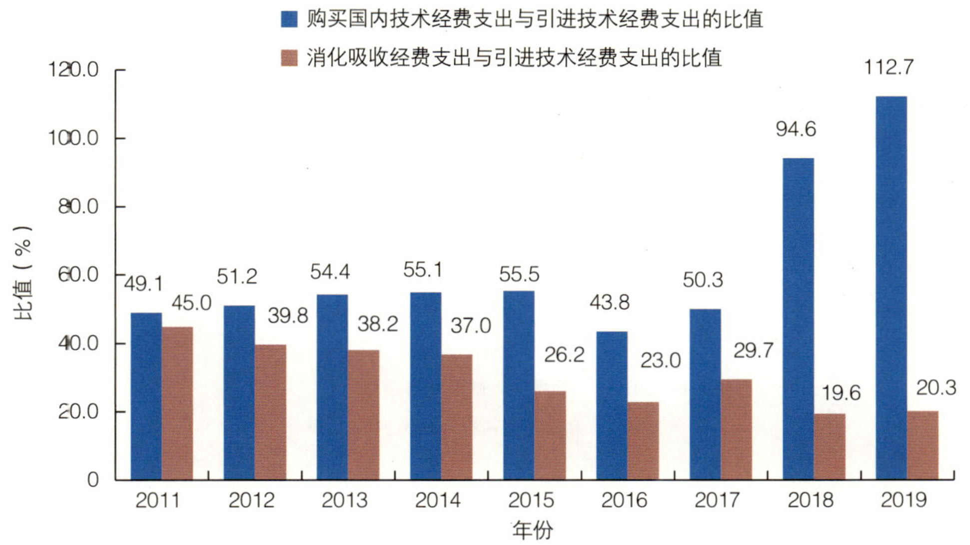

图3-9　企业创新资源整合情况（2011—2019年）

（三）知识产权能力

我国企业知识产权运用能力在2011—2019年提升迅速，2019年较2011年提升了320.8%。企业知识产权保护能力亦有较大幅提升，2019年较2011年增长了272.7%。相比之下，企业知识产权创造能力增长平缓，2019年较2011年仅增长了12.8%（图3-10）。

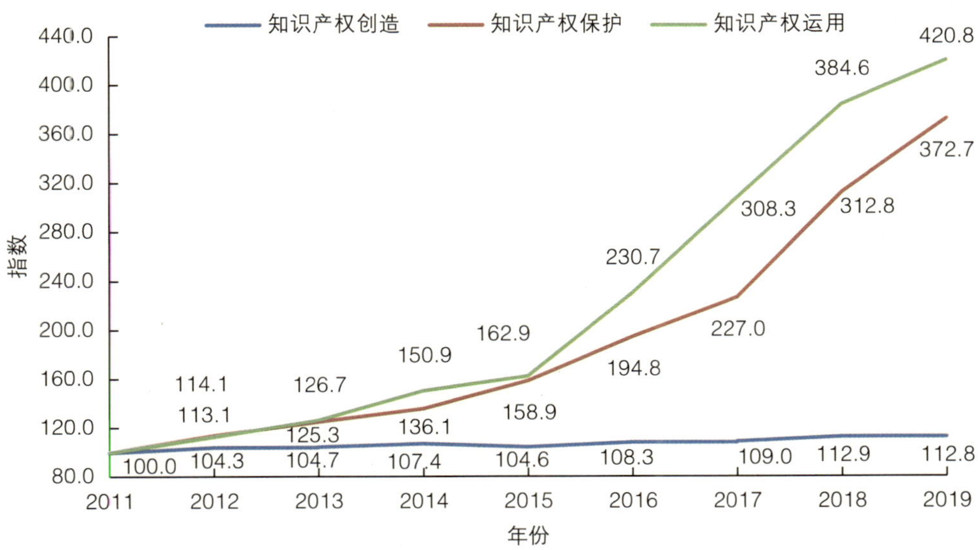

图3-10　企业知识产权能力分指数（2011—2019年）

1. 研发投入的专利产出水平相对稳定

2011—2019 年，我国企业每亿元 R&D 经费投入的专利申请量基本保持在 70 件左右。其中，2015 年的产出水平最低，为 63.8 件，之后稳定上升，2019 年达到 75.9 件。同时，我国企业专利结构总体呈优化态势。企业发明专利申请量占专利申请量的比重由 2011 年的 34.9% 上升到 2016 年的 40.2%，2017 年后有所下降，2019 年该指标下降至 37.6%，但较之 2011 年增加 2.7%（图 3—11）。

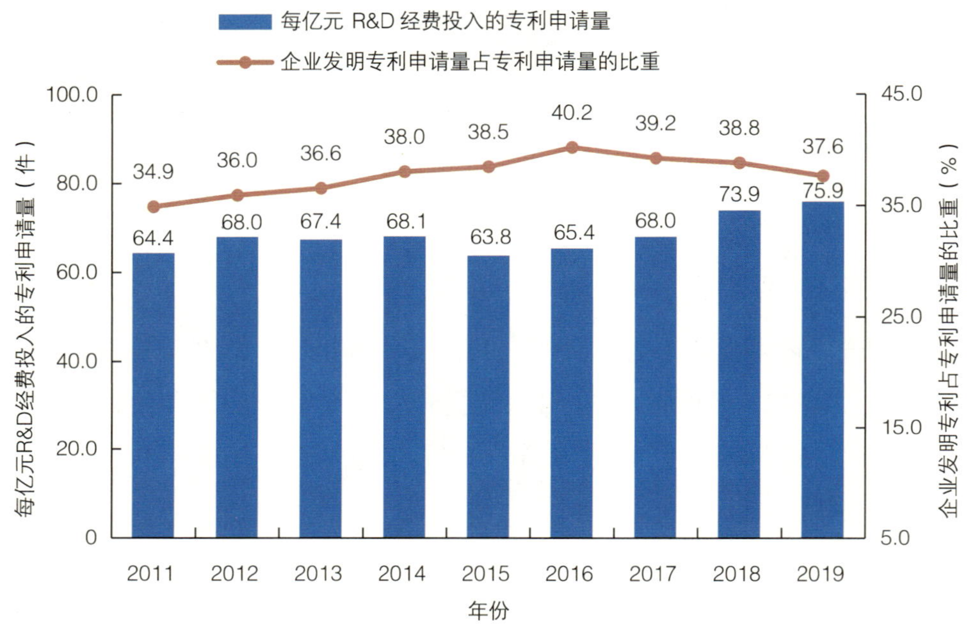

图3-11 企业发明专利申请（2011—2019年）

2. 万名企业就业人员的有效发明专利量和商标拥有量逐年增长

2019 年，万名企业就业人员有效发明专利量达到了 153.6 件，相较于 2011 年的 21.9 件增长了 600.3%；万名企业就业人员商标拥有量也稳步上升，由 2011 年的 27.9 件上升至 2019 年的 103.8 件。对比两类知识产权成果可以发现，有效发明专利的提升更为显著。2013 年，万名企业就业人员的有效发明专利量和商标拥有量相差无几，分别为 34.3 件和 34.9 件；2014 年前者实现了对后者的赶超；2019 年万名企业就业人员有效发明专利量为 153.6 件，万名企业就业人员商标拥有量为 103.8 件，两者差距进一步加大（图 3—12）。

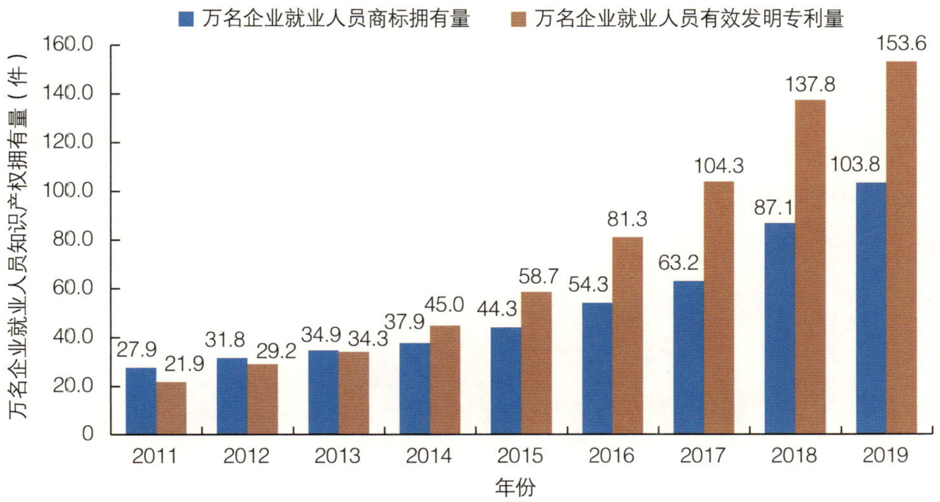

图3-12　万名企业就业人员的知识产权拥有量（2011—2019年）

（四）创新驱动能力

市场影响力的扩大在很大程度上支撑了企业创新驱动能力的提升。2011—2014年，市场影响力保持着每年10%以上的增长速度，2015年后增长尤为明显，2019年比2011年增长了209.7%。经济社会发展指标增长稳定，2019年较2011年增长了80.8%。创新价值实现的增长速度相对缓慢，2019年比2011年仅增长29.4%（图3-13）。

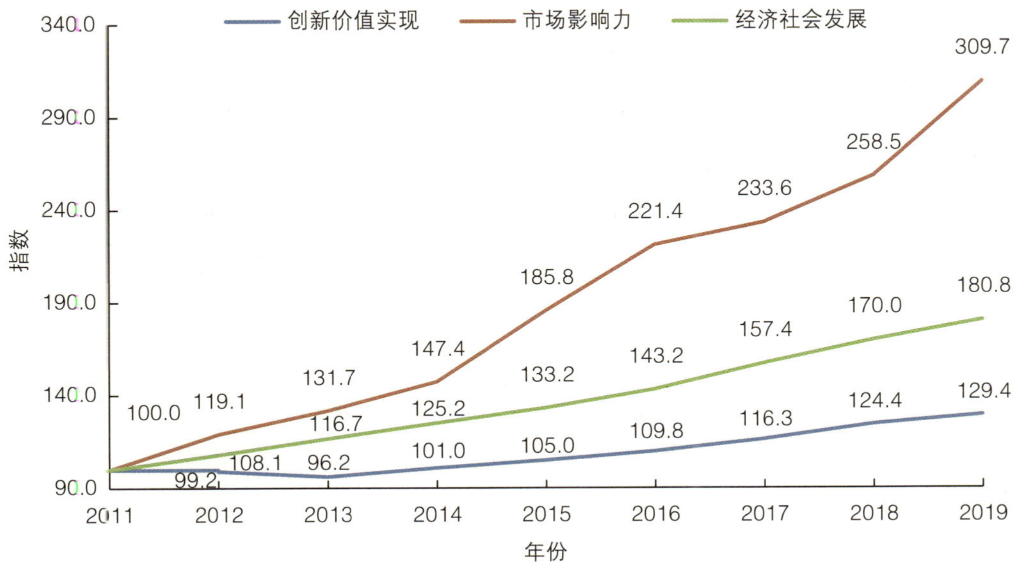

图3-13　企业创新驱动能力分指数（2011—2019年）

1.企业新产品产值及新产品出口占比基本平稳

我国企业新产品销售收入占主营业务收入比重在2011—2019年平缓上升，2019年达到19.9%；新产品出口收入占新产品销售收入比重则有升有降，2011年达到最高值20.1%，2019年为18.5%（图3-14）。

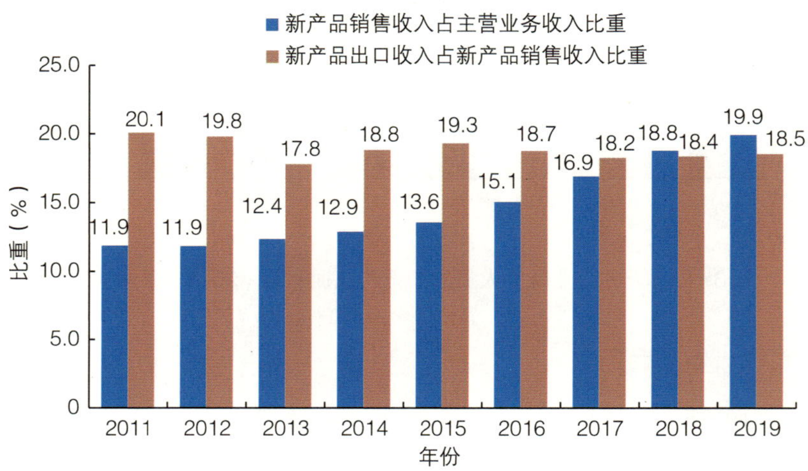

图3-14 企业新产品产出情况（2011—2019年）

2.基于知识产权的国际市场影响力不断增强

2011—2019年，我国企业PCT国际发明专利申请数及境外注册商标数均呈现不断增长态势。其中，PCT国际发明专利申请数增长尤为明显。2011年，我国进入国家阶段的PCT国际发明专利申请数达到1.3万件，2019年增长至5.03万件，相较2011年增长了280.1%；2011年，我国企业境外注册商标数为4.6万件，2019年升至11.0万件，较2011年增长了139.2%（图3-15）。PCT国际发明专利申请数和境外注册商标数的平稳增长，表明我国企业的国际市场影响力在不断增强。

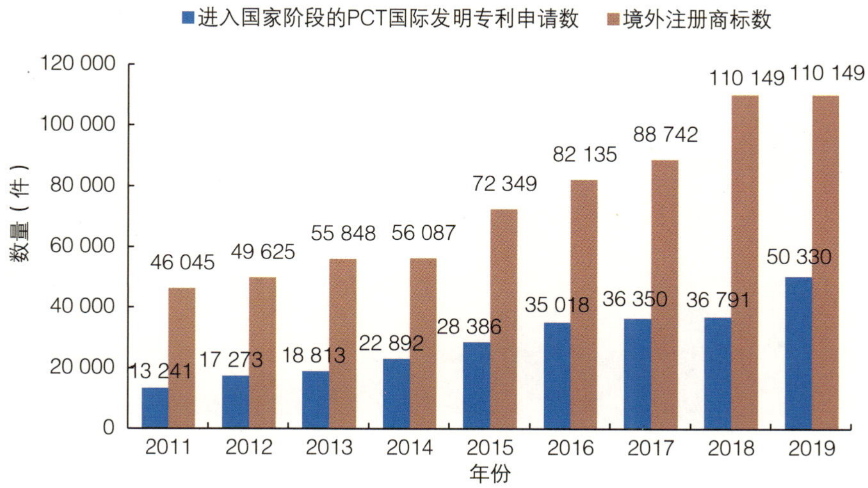

图3-15　企业PCT申请量和商标注册量（2011—2019年）

3.劳动生产率和综合能耗产出率呈持续增长态势

我国劳动生产率在2011—2019年呈持续增长趋势。2011年的劳动生产率为6.3万元／人，2019年提升到12.8万元／人，增长了100.3%；同期，综合能耗产出率也不断增加，从2011年的1.3万元／吨标准煤上升到2019年的2.0万元／吨标准煤，增长了53.8%（图3-16）。这表明，企业的创新成果正逐步扩散到经济社会发展各个领域，推动了经济社会效率提升。

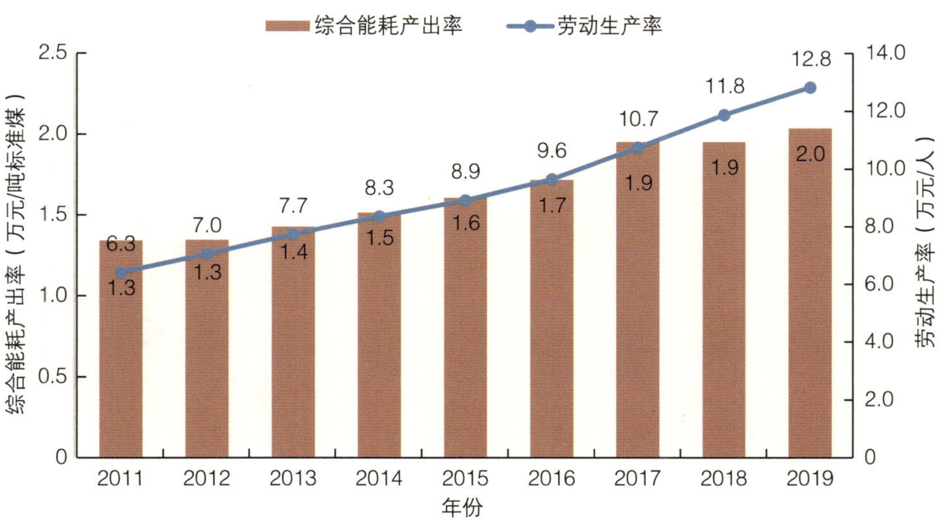

图3-16　我国综合能耗产出率及劳动生产率情况（2011—2019年）

国际篇

第四章

企业创新能力国际比较

在知识经济时代，企业的国际竞争力在很大程度上要依托卓越的研发和创新能力。当前，中国企业在创新活跃程度方面处于发展中国家前列，有些方面已与发达国家水平相当。中国企业在创新投入和协同创新能力方面已具有较强的国际竞争力，但创新驱动能力还有待提升，劳动生产率和单位能源消耗的经济产出明显落后于创新发达国家。中国的创新领军企业开始崛起，536 家企业入围欧盟产业研发投入记分牌前 2500 强。

一、创新活跃程度

比较欧盟企业创新调查（CIS10 和 CIS11）与中国企业创新调查的结果，可以发现，中国企业在创新活跃程度方面处于发展中国家前列，与发达国家相比尽管还存在一定差距，但在有些方面已与其水平相当。

（一）总体创新活跃程度

从全部企业中实现创新的企业所占比重看，爱沙尼亚（68.6%）和德国（63.7%）的企业占比较高，中国的比重为 41.7%。

分行业看，制造业中实现创新的企业占比较高的国家为瑞士（74.6%）、芬兰（69.0%）、挪威（67.1%），中国（55.0%）与意大利（55.8%）水平相当；在服务业方面，实现创新的企业占比较高的国家有瑞士（71.2%）、挪威（70.8%）和葡萄牙（70.5%），中国为 31.5%。

（二）产品创新与工艺创新活跃程度

实现产品创新或工艺创新的企业占比较高的国家为葡萄牙（56.6%）、挪威（56.1%）和芬兰（55.2%），中国（25.6%）与捷克（25.7%）水平相当；实现产品创新的企业占比较高的国家是挪威（43.8%）、芬兰（42.7%）和葡萄牙（40.0%），中国为19.3%；实现工艺创新的企业占比较高的国家有葡萄牙（46.8%）、芬兰（41.0%）和挪威（39.8%），中国（21.4%）与英国（20.8%）水平相当。

分行业看，制造业实现产品创新或工艺创新的企业占比较高的国家是芬兰、挪威和葡萄牙，占比分别为62.8%、57.8%和55.9%，中国企业占比为42.6%，与瑞典（42.8%）水平相当；实现产品创新的企业占比较高的国家为芬兰、挪威和瑞士，占比分别为45.7%、44.9%和41.6%，中国企业占比为33.7%，与希腊（33.6%）水平相当；实现工艺创新的企业占比较高的国家有芬兰、葡萄牙和比利时，占比分别为48.3%、47.9%和44.0%，中国企业占比为35.8%，与荷兰（35.9%）水平相当。

服务业实现产品创新或工艺创新的企业占比较高的国家是葡萄牙、挪威和芬兰，占比分别为58.2%、56.5%和50.6%，中国企业占比为12.1%，与保加利亚（12.9%）水平相当；实现产品创新的企业占比较高的国家为挪威、葡萄牙和芬兰，分别为45.5%、41.8%和41.3%，中国企业占比为8.4%，与西班牙（8.7%）水平相当；实现工艺创新的企业占比较高的国家为葡萄牙、挪威和希腊，分别为45.5%、39.8%和38.7%，中国企业占比为9.8%，与匈牙利（10.0%）水平相当。

（三）组织创新与营销创新活跃程度

实现组织创新的企业占比较高的国家是卢森堡（46.2%）、奥地利（41.1%）和爱尔兰（40.6%），中国（27.6%）与克罗地亚（27.1%）水平相当；实现营销创新的企业占比较高的国家是瑞士（43.6%）、土耳其（42.0%）和挪威（41.3%），中国企业占比为25.5%。

分行业看，制造业实现组织创新的企业占比较高的国家是爱尔兰、卢森堡和比利时，占比分别为45.9%、42.5%和41.6%，中国企业占比为33.3%，与土耳其（33.8%）水平相当；实现营销创新的企业占比较高的国家是瑞士、土耳其和希腊，占比分别为

49.5%、47.1% 和 42.7%，中国企业占比为 33.1%，与葡萄牙（32.7%）、芬兰（32.7%）水平相当。

服务业实现组织创新的企业占比较高的国家是卢森堡、瑞士和奥地利，对应的占比分别为 46.8%、44.0% 和 42.6%，中国企业占比为 22.8%，与斯洛文尼亚（22.5%）水平相当；实现营销创新的企业占比较高的国家是挪威、葡萄牙和瑞士，占比分别为 45.0%、44.8% 和 40.0%，中国企业占比为 21.3%。

二、企业创新投入与协同创新

（一）中国企业 R&D 投入水平稳居国际前列

在研发经费投入方面，2019 年，企业 R&D 经费投入额超过千亿美元的国家有美国、中国和日本，分别达到 4858.3 亿美元、2449.5 亿美元和 1303.7 亿美元。以色列、韩国、日本和中国企业投入的 R&D 经费占全国 R&D 经费的比重较高，分别为 88.9%、80.3%、79.2% 和 76.4%，美国为 73.9%。

（二）中国企业 R&D 活动的人力投入水平处于国际领先位置

在研发人力投入方面，2019 年，中国企业遥遥领先于其他国家的企业，共投入 366.8 万人年，美国和日本企业分居第 2 位、第 3 位，分别投入 161.9 万人年[①] 和 6[illegible].7 万人年；从企业 R&D 活动人员投入量占全国 R&D 活动人员比重看，韩国、中国及荷兰比重较高，分别为 77.1%、76.4% 和 71.8%。

（三）创新合作对象表现各异

从创新合作对象看，在创新合作企业中，与供应商合作的企业占比较高的国家是爱沙尼亚（89.2%）、希腊（88.4%）和塞浦路斯（87.8%），中国（39.1%）与德国（39.3%）水平相当；与私人领域的客户或消费者合作的企业占比较高的国家是英国（74.5%）、塞尔维亚（70.1%）和瑞典（68.3%），与公共领域的客户或消费者合作

① 美国企业为 2018 年数据。

的企业占比较高的国家是塞尔维亚（55.4%）、英国（45.4%）和芬兰（41.8%），与客户合作的企业占比方面，中国占比为45.7%；与高校或其他高等教育机构合作的企业占比方面，德国（62.6%）、芬兰（60.4%）和塞尔维亚（55.9%）的占比较高，中国（28.2%）与斯洛伐克（27.9%）水平相当。

三、知识产权和创新绩效

（一）中国有效发明专利的规模与日本、美国实力相当

从各国在全球拥有的有效发明专利数量看，2019年，日本的发明专利拥有量为303.4万件，居全球之首；美国居第2位，拥有298.4万件发明专利；中国居第3位，拥有214.2万件发明专利，较上一年增长18.1%。这表明从专利创造来看，中国虽然与美日两国仍有一定差距，但作为专利创造大国的优势不断巩固，开始从专利大国走向专利强国。

（二）中国三方专利申请量与日本、美国相比还有较大差距

我国企业的高质量专利创造水平与日本、美国等专利强国相比还有较大差距。在三方专利申请量方面，2019年，日本三方专利申请量为1.8万件，占全球三方专利申请量的31.6%，居全球首位；其次为美国，为1.3万件，占比达23.0%；中国居第3位，申请量为5597件，占比为10.0%。

（三）中国劳动生产率相对较低，在金砖国家中处于中等水平

2019年，爱尔兰的劳动生产率高达17.8万美元／人；卢森堡、瑞士、挪威和美国分别为15.3万美元／人、14.4万美元／人、14.3万美元／人和13.4万美元／人；中国的劳动生产率为1.8万美元／人，低于俄罗斯（2.3万美元／人）和南非（2.1万美元／人），高于巴西（1.6万美元／人）和印度（0.4万美元／人）。

（四）中国单位能源消耗的经济产出相对较低，在金砖国家中处于中上水平

2019年，单位能源消耗经济产出最高的国家为瑞士，高达27.7美元／千克标准油；

其次为爱尔兰，达到 21.9 美元 / 千克标准油；丹麦、英国、卢森堡分别以 18.8 美元 / 千克标准油、16.6 美元 / 千克标准油、15.5 美元 / 千克标准油紧随其后；中国的单位能源消耗经济产出为 4.3 美元 / 千克标准油，全球排名相对落后。金砖国家中，中国低于巴西（6.5 美元 / 千克标准油），高于印度（3.1 美元 / 千克标准油）、南非（2.6 美元 / 千克标准油）及俄罗斯（2.2 美元 / 千克标准油）。

四、创新型领军企业国际比较

在企业创新能力国际对比方面，欧盟产业研发投入记分牌（The EU Industrial R&D Investment Scoreboard）、科睿唯安的全球创新机构百强排名及美国波士顿咨询公司的创新企业排名具有较高权威性。这 3 个榜单的评价标准分别侧重于创新投入、创新产出（主要用专利衡量）和创新绩效。

欧盟产业研发投入记分牌数据来自欧盟和全球主要企业每年的财务报表，主要包含全球排名前 2500 家企业的研发活动数据和欧洲排名前 1000 家企业的研发活动数据。评价标准包括研发支出、研发投入年增长率、销售净额、销售净额年增长率、研发投入强度、资本支出、资本支出年增长率、资本支出强度、运营利润、运营利润年增长率、盈利能力、员工人数、员工年增长率、市值、市值年增长率等指标。

2020 年，全球研发投入前 2500 家企业来自 40 多个国家（地区）。其中，美国以 775 家企业位居榜首，中国大陆（536 家）和日本（309 家）分居第 2、第 3 位，其后是德国（124 家）和英国（121 家）（表 4–1）。

表4–1　全球产业研发投入2500强企业的国家（地区）分布（2020年）

国家 / 地区	入围企业数（家）	国家 / 地区	入围企业数（家）
美国	775	中国台湾	88
中国大陆	536	法国	68
日本	309	韩国	59
德国	124	瑞士	58
英国	121	荷兰	38

续表

国家 / 地区	入围企业数（家）	国家 / 地区	入围企业数（家）
瑞典	32	新加坡	6
丹麦	32	巴西	5
加拿大	30	葡萄牙	3
印度	29	新西兰	3
爱尔兰	28	沙特阿拉伯	2
意大利	24	斯洛文尼亚	1
以色列	22	匈牙利	1
芬兰	16	波兰	1
奥地利	16	希腊	1
西班牙	14	马耳他	1
比利时	14	阿联酋	1
澳大利亚	11	列支敦士登	1
挪威	10	墨西哥	1
卢森堡	7	其他非欧 5 国	6
土耳其	6		

数据来源：The EU Industrial R&D Investment Scoreboard 2020。

从入围企业的产业分布看，卫生行业机构最多，占 21.2%；其次为信息与通信技术生产（18.44%）、信息与通信技术服务（12.88%）；工业行业、汽车及其他交通工具、化学制品及航空航天和国防分别占 11.64%、7.48%、5.2% 和 1.8%；其他行业领域占 21.36%（表 4–2）。

表4–2　全球产业研发投入2500强企业的技术领域分布（2020年）

技术领域	入围企业数（家）	技术领域	入围企业数（家）
卫生行业	530	汽车及其他交通工具	187
信息与通信技术生产	461	化学制品	130
信息与通信技术服务	322	航空航天和国防	45
工业行业	291	其他	534

数据来源：The EU Industrial R&D Investment Scoreboard 2020。

科睿唯安公司通过对全球创新机构专利数据进行深度挖掘，每年遴选出全球百强创新机构。入围全球百强创新机构需要满足专利量多、质高两个条件。首先，近 5 年中拥有至少 100 件基础专利的机构才被纳入遴选范围；其次，反映专利质量的指标构成重要的遴选标准，包括专利授权率、全球化水平和影响力。2021 年，在上榜机构数量排名居前 5 位的国家和地区中，美国和日本占有绝对优势，分别有 42 家机构和 29 家机构入围，韩国和中国台湾各有 5 家机构入围，中国大陆有 4 家机构入围；法国、德国、瑞士分别有 3 家机构入围，荷兰有 2 家机构入围，英国、加拿大、瑞典、芬兰均有 1 家机构入围（表 4—3）。中国大陆入围企业分别为华为、小米、腾讯和电信科学技术研究院，其中电信科学技术研究院是新入围企业。

表4—3　全球创新百强机构的国家（地区）分布（2021年）

国家 / 地区	入围机构数（家）	国家 / 地区	入围机构数（家）
美国	42	瑞士	3
日本	29	荷兰	2
韩国	5	英国	1
中国台湾	5	加拿大	1
中国大陆	4	瑞典	1
法国	3	芬兰	1
德国	3		

数据来源：Derwent Top 100 Global Innovators 2021。

入围机构的产业分布表现出明显的产业集聚特征。电子和计算设备机构最多，占 21%；其次为半导体（12%），通信（10%），工业系统（10%），软件、媒体、金融科技（7%）及化学品和材料（7%），制药和汽车均占 6%；研究院和政府研究机构占 5%，能源与电气、医学和生物技术均占 4%，航空和国防占 3%，工业集团、采矿和金属均占 2%，消费品和食品占比为 1%。

美国波士顿咨询公司基于对 2500 名全球创新高管的调查，从 4 个维度评估公司的业绩，然后取平均归一化分数来计算企业总体排名。2021 年，在最具创新能力的 50 家企业中，美国有 27 家企业入围，优势明显；其次为德国，有 5 家企业入围；中国大陆和日本居并列第 3 位，均有 4 家企业入围，其后分别为韩国（3 家）、瑞士（2 家）、荷兰（2 家）、西班牙（1 家）、英国（1 家）和中国香港（1 家）（表 4–4）。中国入围的 5 家企业分别为华为（第 8 位）、阿里巴巴（第 14 位）、联想（第 25 位）、腾讯（第 26 位）和小米（第 31 位）。

表4–4　波士顿咨询公司最具创新能力50强企业的国家（地区）分布（2021年）

国家 / 地区	入围企业数（家）	国家 / 地区	入围企业数（家）
美国	27	瑞士	2
德国	5	荷兰	2
中国大陆	4	西班牙	1
日本	4	英国	1
韩国	3	中国香港	1

数据来源：BCG Global Innovation Survey 2021 。

分技术领域看，2021 年，消费品、科技、医疗保健分别居前 3 位，分别有 16 家、16 家、10 家企业入围；其次为运输与能源、媒体与通信，分别有 6 家、2 家企业入围（表 4–5）。

表4–5　波士顿咨询公司最具创新能力50强企业的技术领域分布（2021年）

技术领域	入围企业数（家）	技术领域	入围企业数（家）
消费品	16	运输与能源	6
科技	16	媒体与通信	2
医疗保健	10		

数据来源：BCG Global Innovation Survey 2021。

区域篇

第五章 区域企业创新能力比较

我国区域间企业创新能力表现出较明显差异。从测度企业创新能力的 20 个评价指标看，2019 年，6 个省（自治区、直辖市）［以下简称“省（区、市）”］拥有 10 个以上超过全国平均水平的指标，6 个省（区、市）超过全国平均水平的指标不足 2 个。全国领先的创新型省（区、市）表现突出，广东、江苏、浙江和安徽均有 16 个以上超过全国平均水平的指标。区域领先的创新型省（区、市）初步涌现，安徽有 19 个指标超过中部地区平均水平，重庆有 18 个指标超过西部地区平均水平。

一、企业创新能力评价指标构建

本章选取有创新合作企业占全部企业比重、工业企业 R&D 经费内部支出占主营业务收入比重、有国际市场新产品工业企业占产品创新工业企业比重、有创新战略目标企业占全部企业比重等 20 个指标，对企业创新能力进行区域比较分析。区域间企业创新能力比较主要采用两个评价视角：一是各省（区、市）各指标与全国平均水平对比，以反映该省（区、市）企业相对于全国的创新水平；二是各省（区、市）各指标与所在地区（东部、中部、西部及东北地区）平均水平对比，以反映该省（区、市）各企业在该区域的相对创新水平。

由于指标的量纲不一致，评价采用条形图的形式呈现省（区、市）各指标与全国（地区）的相对值；鉴于有些省（区、市）相关指标多倍于全国（地区）平均水平，以 1.2 为界对条形图做了截尾处理，并标明各省（区、市）在相应指标上的实际取值。

二、各地区企业创新能力分析

1.北京

北京有 9 个指标高于全国平均水平，在万名工业企业就业人员有效发明专利量、工业企业 R&D 人员占就业人员比重和认为高新技术企业减免税政策有效果企业占开展创新活动企业比重方面优势明显，分别达到全国平均水平的 364.9%、134.7% 和 120.5%；在有研发机构工业企业占工业企业比重方面还有上升空间，为全国平均水平的 63.5%（图 5–1）。

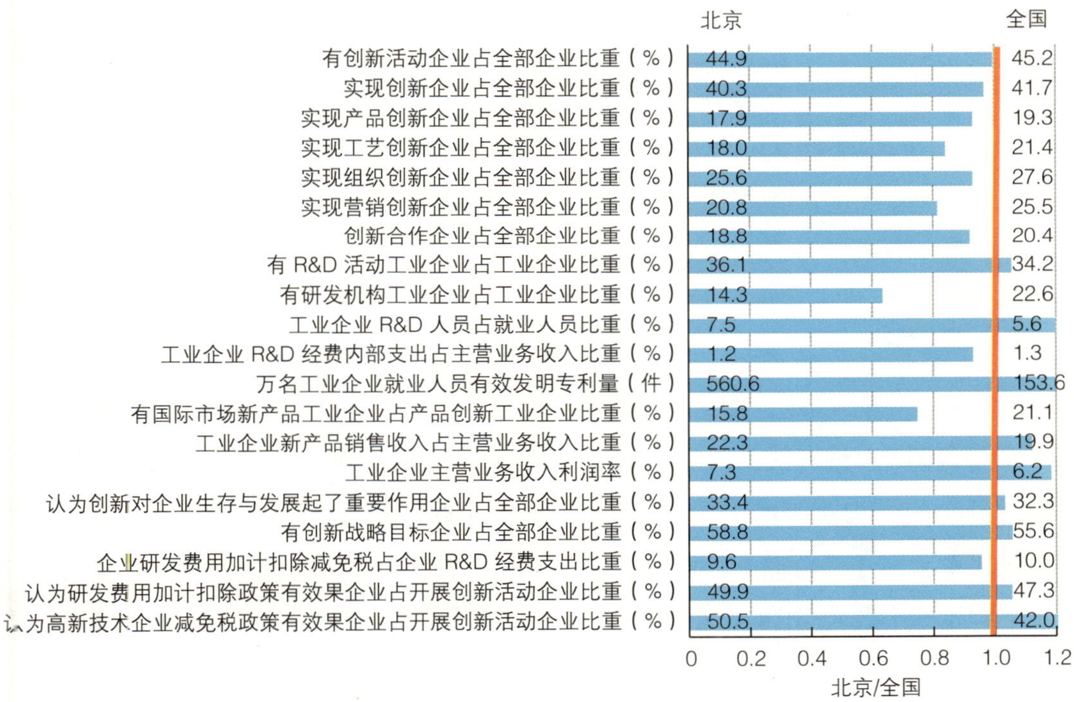

图5–1　北京企业创新能力：与全国对比

北京有 7 个指标高于东部地区平均水平，在万名工业企业就业人员有效发明专利量、工业企业主营业务收入利润率和认为高新技术企业减免税政策有效果企业占开展创新活动企业比重方面表现突出，分别达到地区平均水平的 290.8%、119.4% 和 117.0%；在有研发机构工业企业占工业企业比重方面还有待加强，为地区平均水平的 48.5%（图 5–2）。

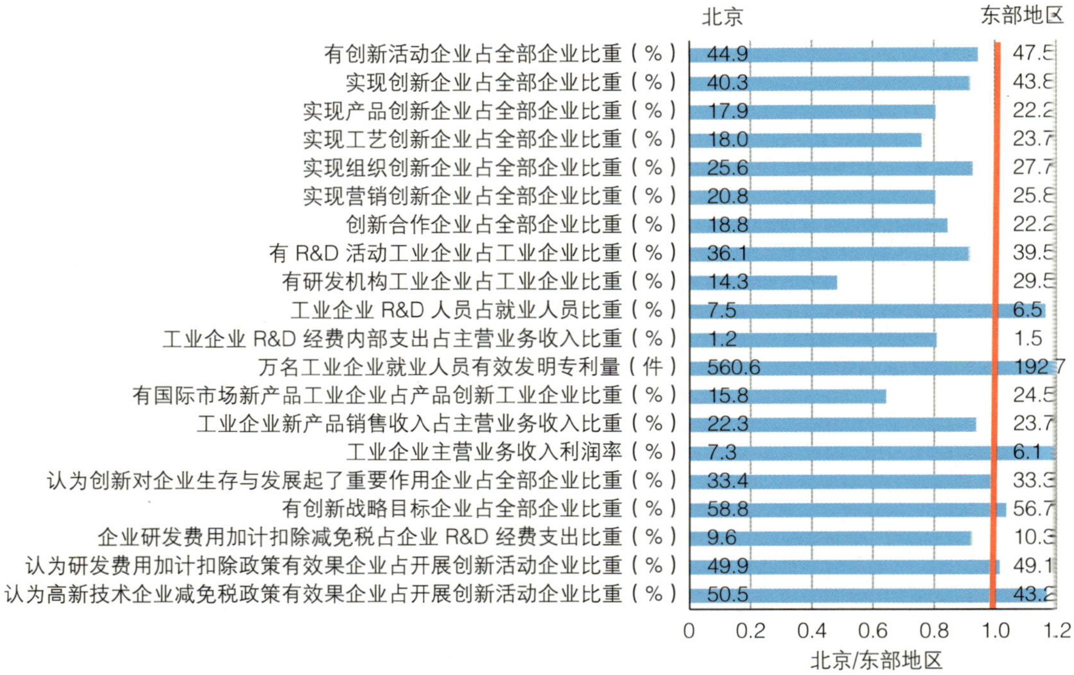

图5–2　北京企业创新能力：与东部地区对比

2.天津

天津有 5 个指标高于全国平均水平，在万名工业企业就业人员有效发明专利量、工业企业 R&D 人员占就业人员比重和工业企业主营业务收入利润率方面优势明显，分别达到全国平均水平的 138.0%、120.3% 和 106.7%；在有研发机构工业企业占工业企业比重方面还有待提高，仅为全国平均水平的 39.9%。2019 年，天津高于全国平均水平的指标个数较 2018 年减少 4 个，主要是因为实现组织创新企业占全部企业比亘、有 R&D 活动工业企业占工业企业比重、工业企业 R&D 经费内部支出占主营业务收入比重、工业企业 R&D 经费内部支出占主营业务收入比重 4 个指标由 2018 年高于全国平均值转变为低于全国平均值（图 5–3）。

天津有 3 个指标高于东部地区平均水平，在万名工业企业就业人员有效发明专利量、工业企业主营业务收入利润率和工业企业 R&D 人员占就业人员比重方面表现突出，分别达到地区平均水平的 110.0%、107.5% 和 104.2%；在有研发机构工业企业占工业企业比重方面还存在较大的上升空间，仅为地区平均水平的 30.5%。2019 年，天津高于地区平均水平的指标个数较 2018 年减少 2 个，主要是因为有 R&D 活动工业企业占工业企业比重、有创新战略目标企业占全部企业比重由 2018 年高于地区平均值转变为低于地区平均值（图 5–4）。

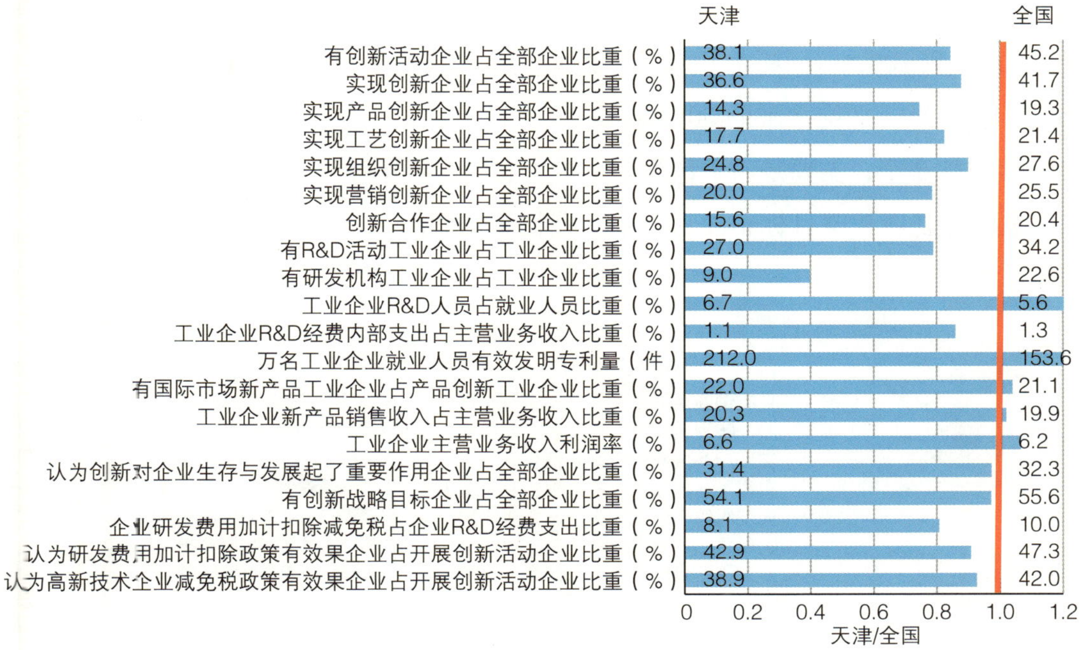

图5–3　天津企业创新能力：与全国对比

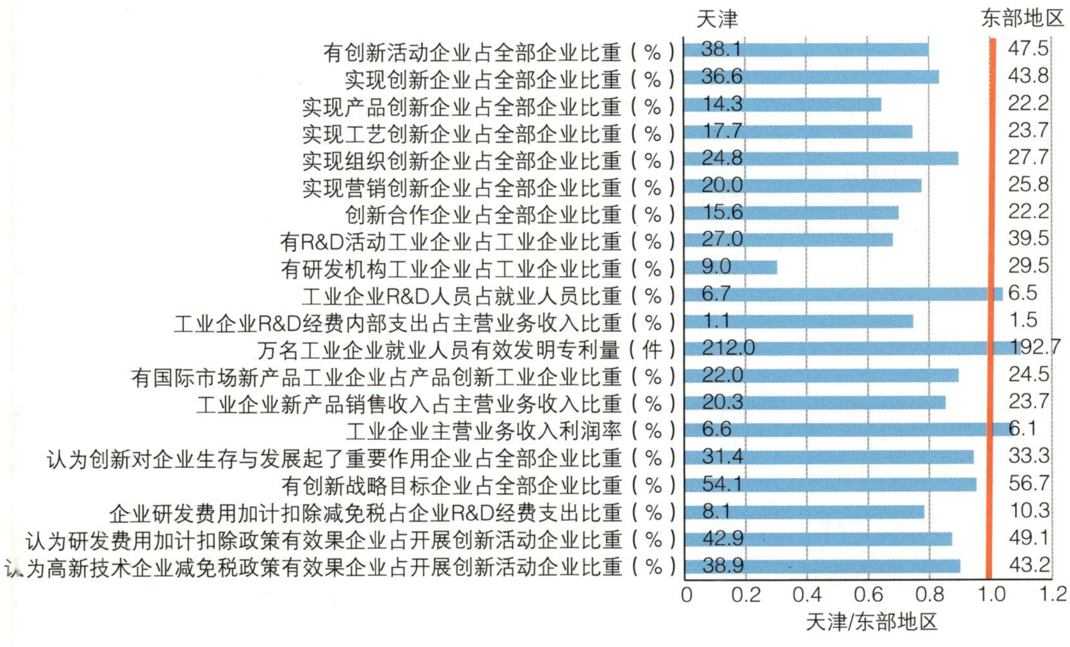

图5–4　天津企业创新能力：与东部地区对比

3.河北

河北有 2 个指标高于全国平均水平，在认为创新对企业生存与发展起了重要作用企业占全部企业比重、有创新战略目标企业占全部企业比重方面分别为全国平均水平的 101.3% 和 100.6%；其在万名工业企业就业人员有效发明专利量方面存在一定上升空间，为全国平均水平的 50.5%。2019 年，河北高于全国平均水平的指标个数较 2018 年增加 2 个，主要是由于认为创新对企业生存与发展起了重要作用企业占全部企业比重、有创新战略目标企业占全部企业比重由 2018 年低于全国平均值转变为高于全国平均值（图 5–5）。

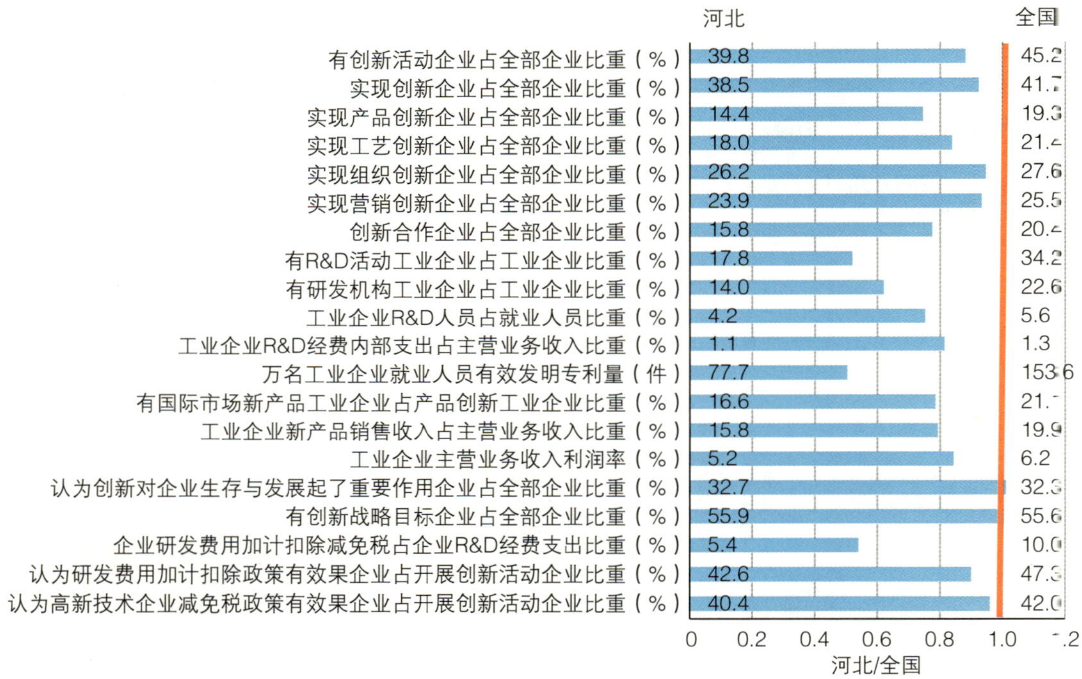

图5–5　河北企业创新能力：与全国对比

河北所有指标均低于东部地区平均水平，在有创新战略目标企业占全部企业比重、认为创新对企业生存与发展起了重要作用企业占全部企业比重方面表现相对较好；但在万名工业企业就业人员有效发明专利量、有 R&D 活动工业企业占工业企业比重和有研发机构工业企业占工业企业比重方面存在较大上升空间，分别仅为地区平均水平的 40.3%、45.1% 和 47.5%（图 5–6）。

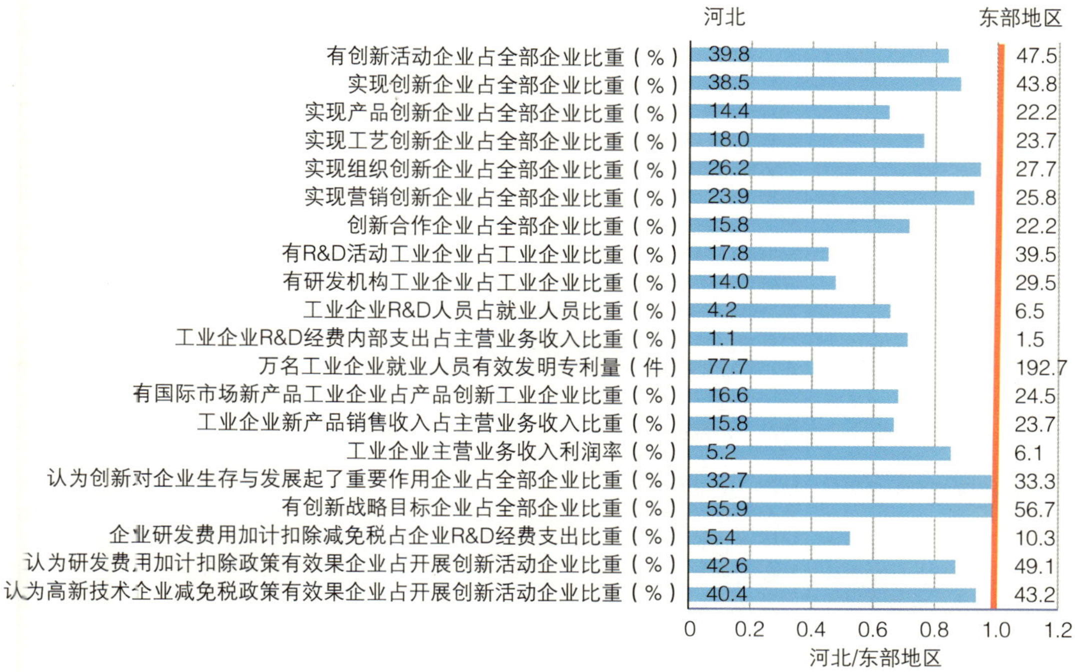

图5-6　河北企业创新能力：与东部地区对比

4.山西

山西有 1 个指标（企业研发费用加计扣除减免税占企业 R&D 经费支出比重）高于全国平均水平，为全国平均水平的 108.2%。但在万名工业企业就业人员有效发明专利量、有 R&D 活动工业企业占工业企业比重方面存在较大不足，分别仅为全国平均水平的 30.0% 和 32.3%（图 5–7）。

山西有 1 个指标（企业研发费用加计扣除减免税占企业 R&D 经费支出比重）高于中部地区平均水平，为地区平均水平的 103.8%；在有 R&D 活动工业企业占工业企业比重方面落后较多，仅为地区平均水平的 35.3%（图 5–8）。

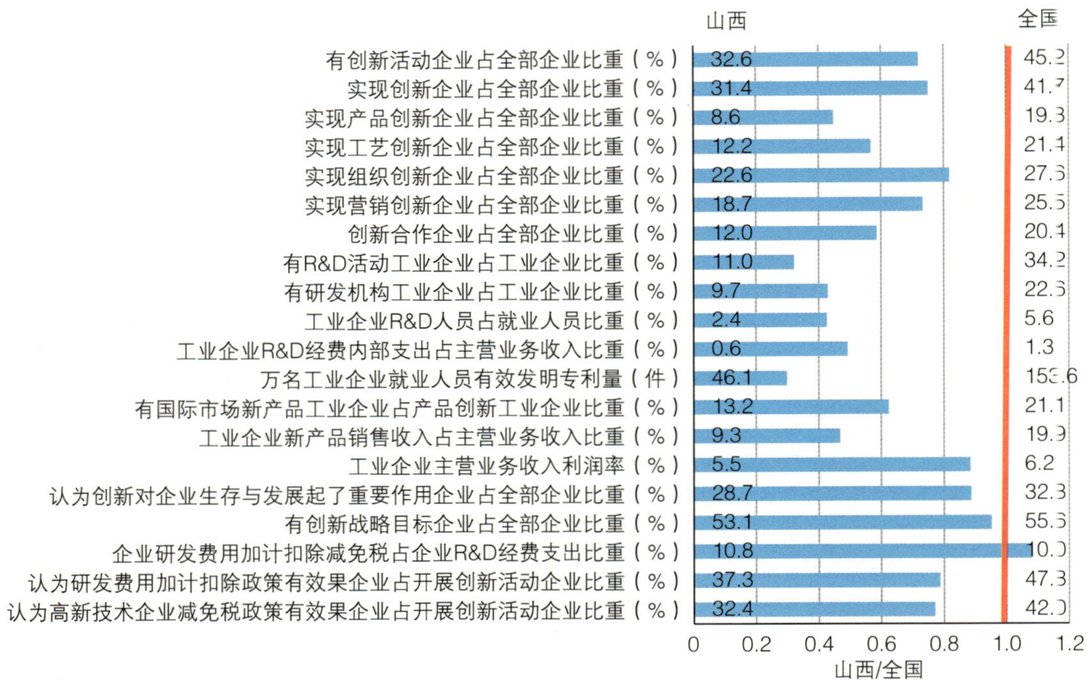

图5-7　山西企业创新能力：与全国对比

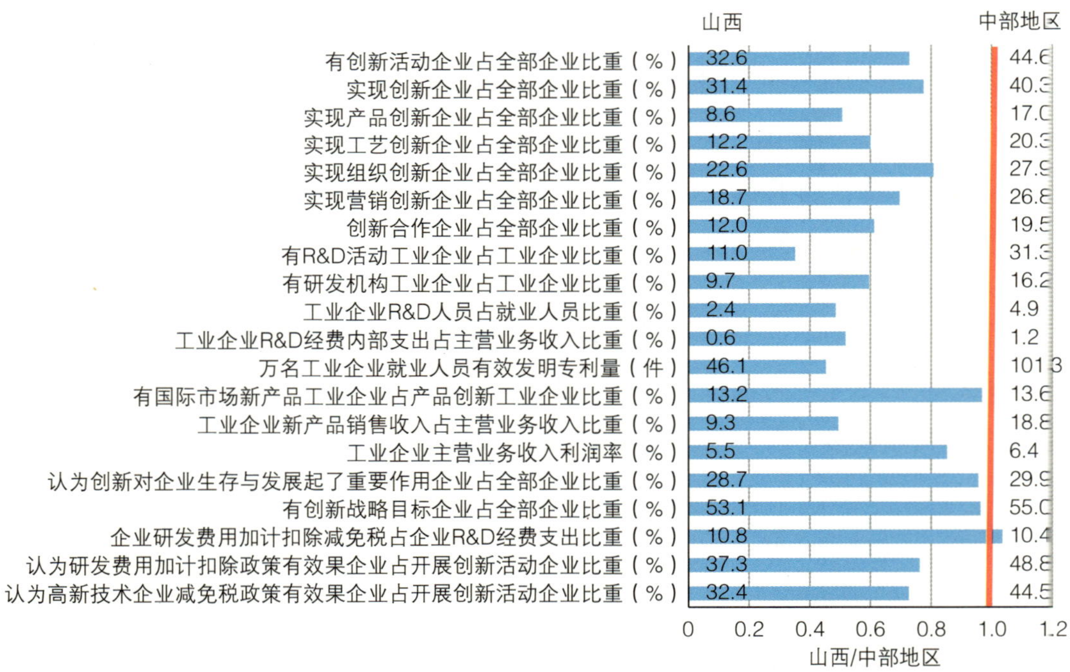

图5-8　山西企业创新能力：与中部地区对比

5.内蒙古

内蒙古有 1 个指标（工业企业主营业务收入利润率）高于全国平均水平，为后者的 141.2%；在有研发机构工业企业占工业企业比重、有 R&D 活动工业企业占工业企业比重和实现产品创新企业占全部企业比重方面明显不足，分别仅为全国平均水平的 13.9%、28.8% 和 30.9%（图 5–9）。

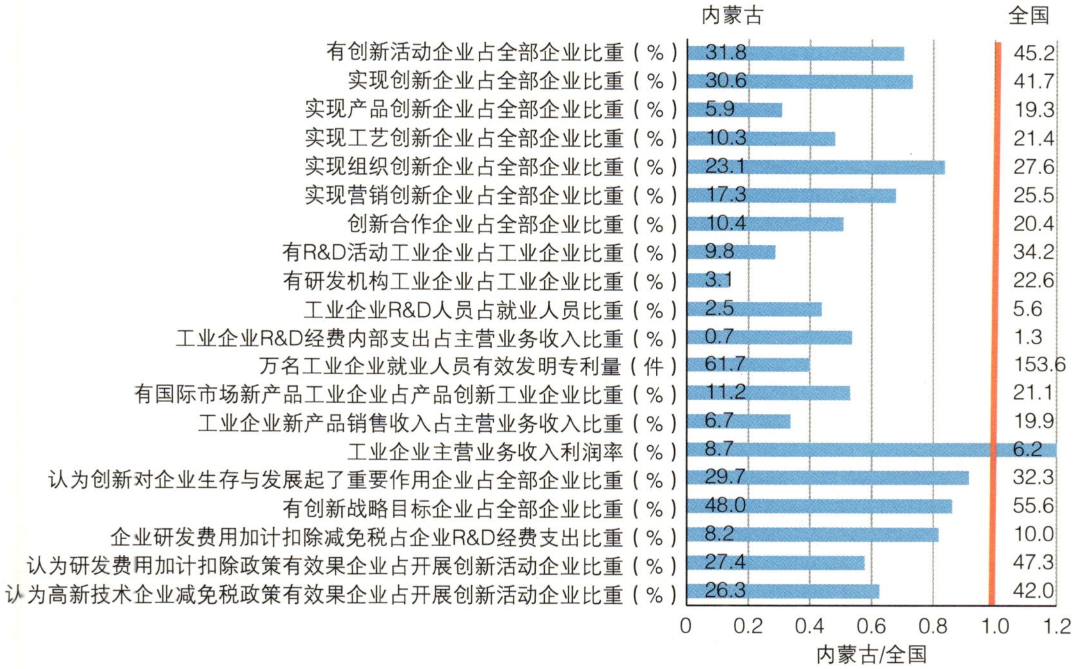

图5–9　内蒙古企业创新能力：与全国对比

内蒙古有 2 个指标高于西部地区平均水平，其在工业企业主营业务收入利润率和企业研发费用加计扣除减免税占企业 R&D 经费支出比重方面优势明显，分别为地区平均水平的 126.6% 和 122.5%；在有研发机构工业企业占工业企业比重、实现产品创新企业占全部企业比重方面仍有待提高，分别仅为地区平均水平的 39.6% 和 44.8%（图 5–10）。

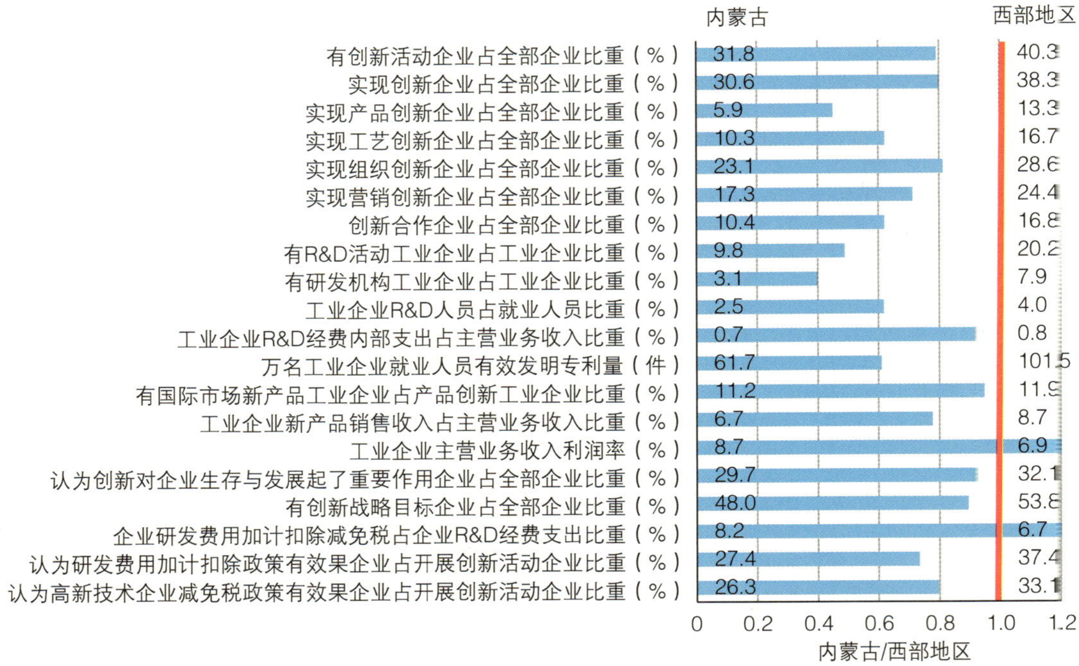

图5-10　内蒙古企业创新能力：与西部地区对比

6.辽宁

辽宁有3个指标高于全国平均水平，在有国际市场新产品工业企业占产品创新工业企业比重、认为高新技术企业减免税政策有效果企业占开展创新活动企业比重和认为研发费用加计扣除政策有效果企业占开展创新活动企业比重方面表现突出，分别达到全国平均水平的117.6%、104.5%和101.9%；在有研发机构工业企业占工业企业比重方面还明显不足，仅为全国平均水平的28.4%（图5–11）。

辽宁有15个指标高于东北地区平均水平，在有R&D活动工业企业占工业企业比重、万名工业企业就业人员有效发明专利量和有国际市场新产品工业企业占产品创新工业企业比重方面优势明显，分别达到地区平均水平的133.0%、128.1%和126.0%；在企业研发费用加计扣除减免税占企业R&D经费支出比重方面较为落后，为地区平均水平的62.2%。2019年，辽宁高于地区平均水平的指标个数较2018年减少1个，主要是由于工业企业新产品销售收入占主营业务收入比重由2018年高于地区平均值转变为低于地区平均值（图5–12）。

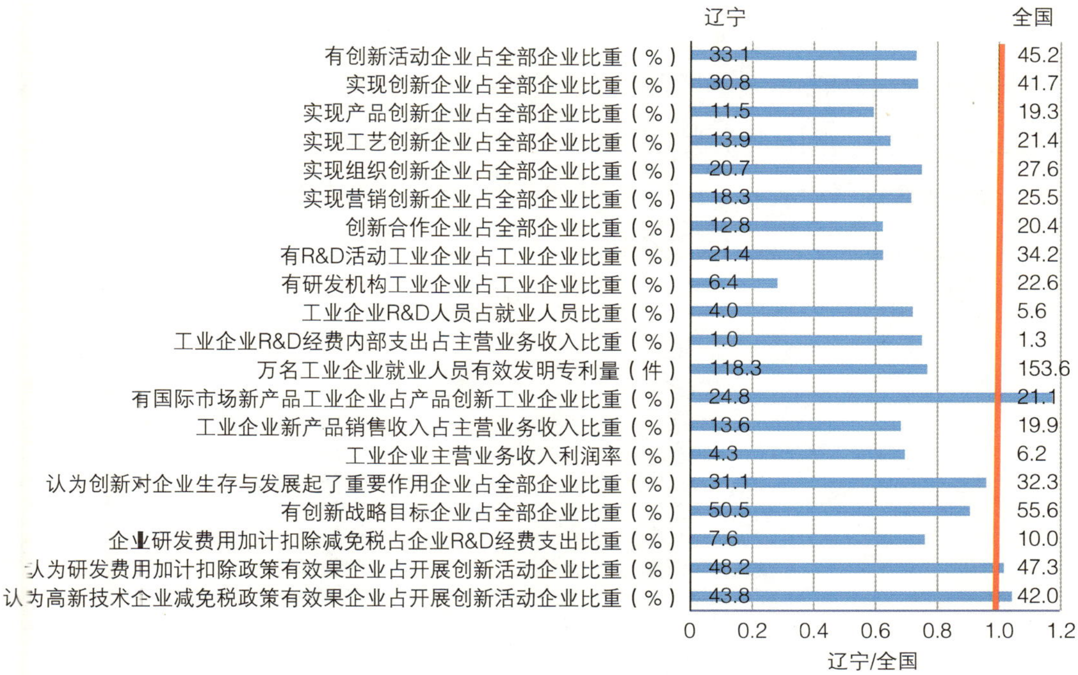

图5-11　辽宁企业创新能力：与全国对比

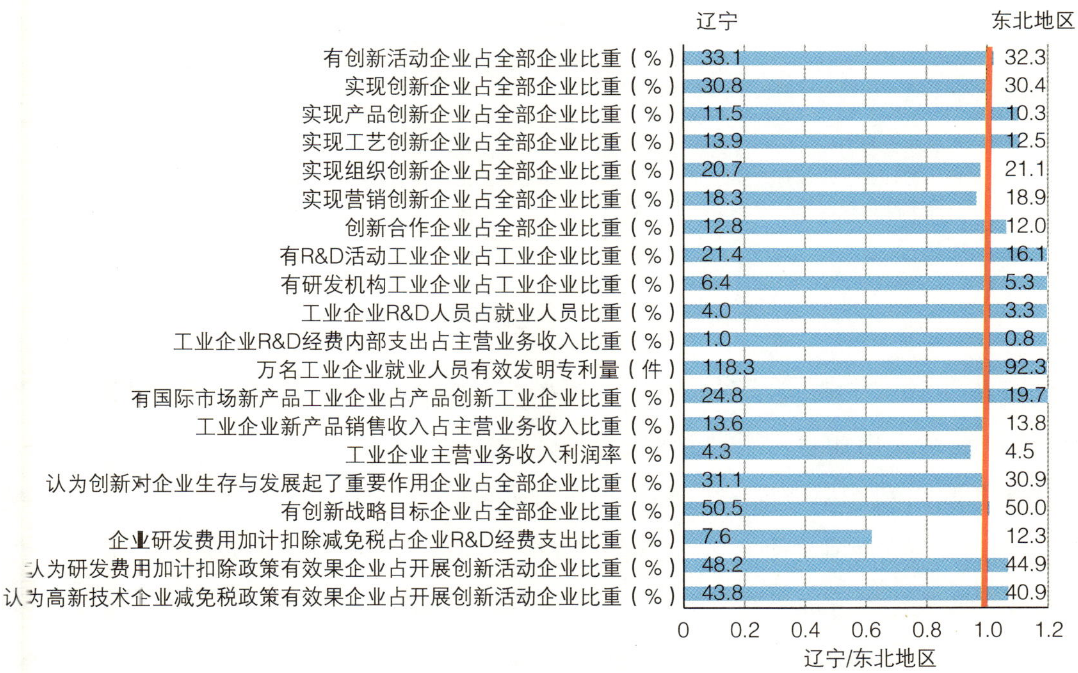

图5-12　辽宁企业创新能力：与东北地区对比

7.吉林

吉林有 2 个指标高于全国平均水平，在企业研发费用加计扣除减免税占企业 R&D 经费支出比重和认为创新对企业生存与发展起了重要作用企业占全部企业比重方面优势明显，分别为全国平均水平的 293.1% 和 102.3%；在有研发机构工业企业占工业企业比重、有 R&D 活动工业企业占工业企业比重和万名工业企业就业人员有效发明专利量方面存在明显不足，分别仅为全国平均水平的 19.8%、31.1% 和 35.5%（图 5–13）。

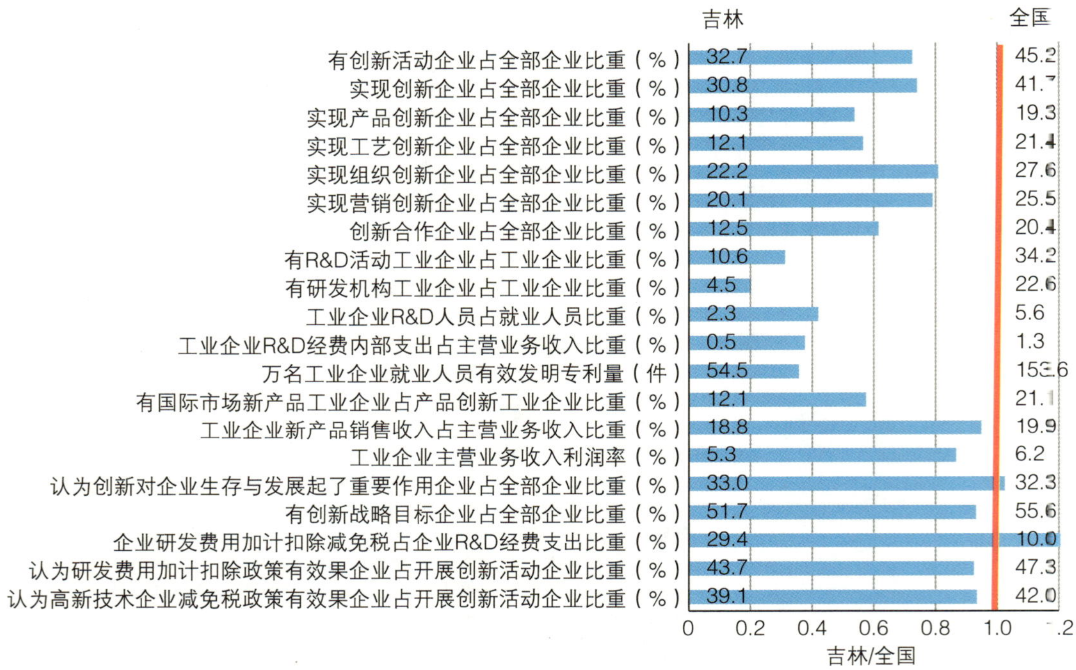

图5–13　吉林企业创新能力：与全国对比

吉林有 10 个指标高于东北地区平均水平，在企业研发费用加计扣除减免税占企业 R&D 经费支出比重、工业企业新产品销售收入占主营业务收入比重和工业企业主营业务收入利润率方面表现突出，分别达到地区平均水平的 239.4%、136.7% 和 117.6%；在万名工业企业就业人员有效发明专利量、工业企业 R&D 经费内部支出占主营业务收入比重方面仍有待提高，分别仅为地区平均水平的 59.1%、60.4%。2019 年，吉林高于地区平均水平的指标个数较 2018 年增加 5 个，主要是因为有创新活动企业占全部企业比重、实现创新企业占全部企业比重、工业企业新产品销售收入占主营业务收入比重、认为创新对企业生存与发展起了重要作用企业占全部企业比重、有创新战略目标企业占全部企业比重 5 个指标由 2018 年低于地区平均值转变为高于地区平均值（图 5–14）。

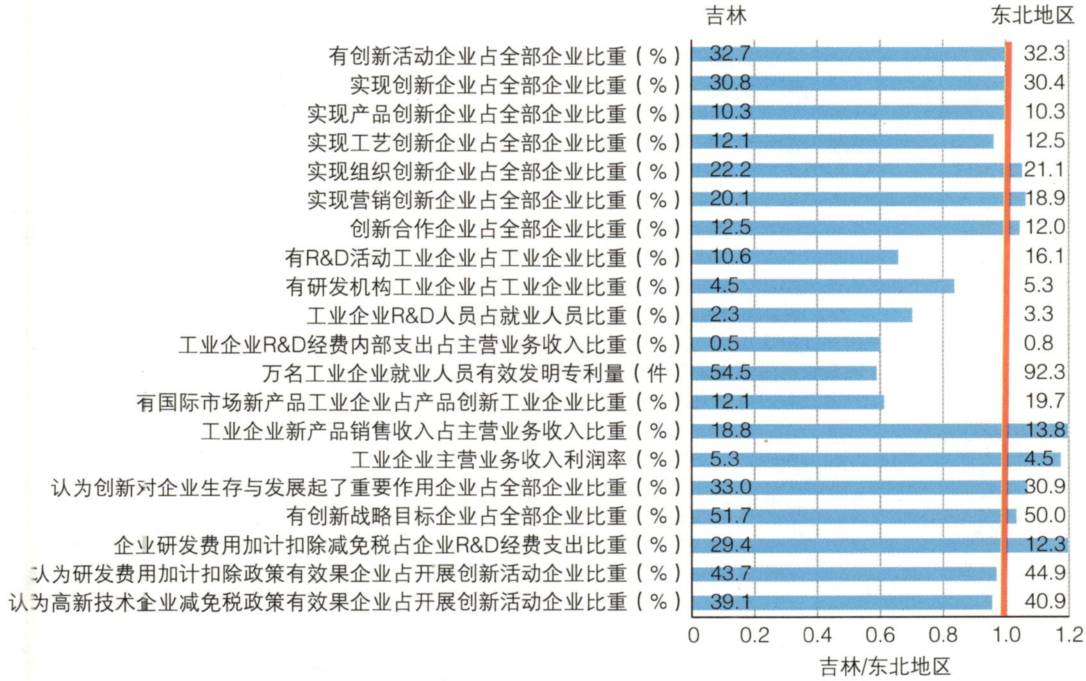

图5–14　吉林企业创新能力：与东北地区对比

8.黑龙江

黑龙江有 1 个指标（企业研发费用加计扣除减免税占企业 R&D 经费支出比重）高于全国平均水平，为后者的 159.8%；但在有研发机构工业企业占工业企业比重、有 R&D 活动工业企业占工业企业比重方面存在较大不足，分别仅为全国平均水平的 16.7% 和 27.3%（图 5–15）。

黑龙江有 2 个指标高于东北地区平均水平，其在企业研发费用加计扣除减免税占企业 R&D 经费支出比重和实现营销创新企业占全部企业比重方面表现突出，分别为地区平均水平的 130.5% 和 101.5%；在有国际市场新产品工业企业占产品创新工业企业比重和工业企业新产品销售收入占主营业务收入比重方面略显不足，分别仅为地区平均水平的 48.5% 和 53.0%（图 5–16）。

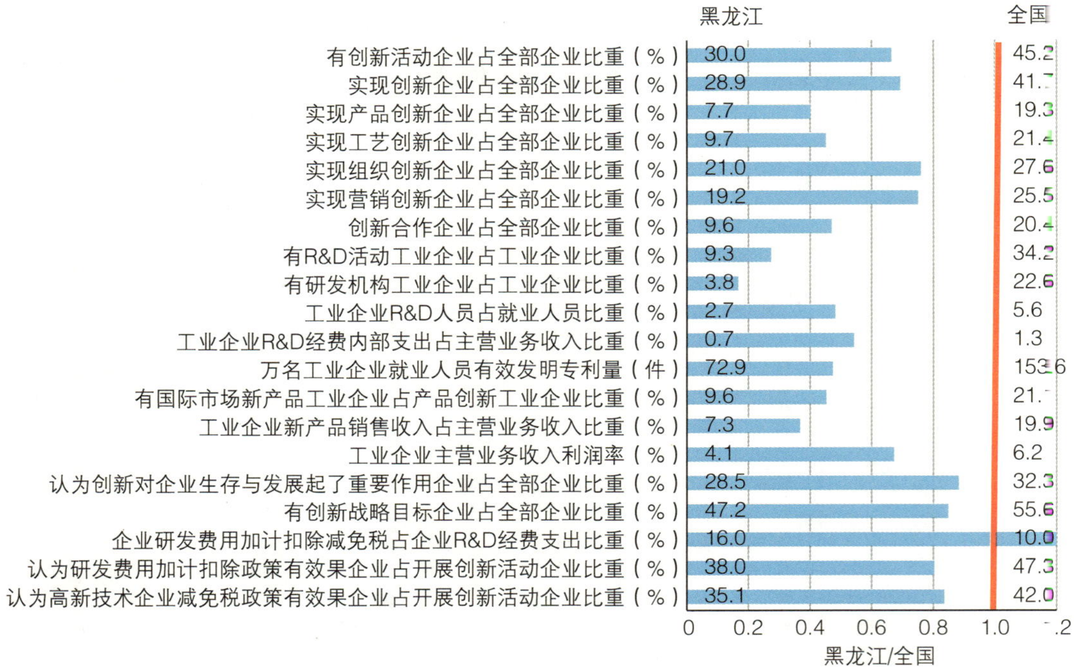

图5-15　黑龙江企业创新能力：与全国对比

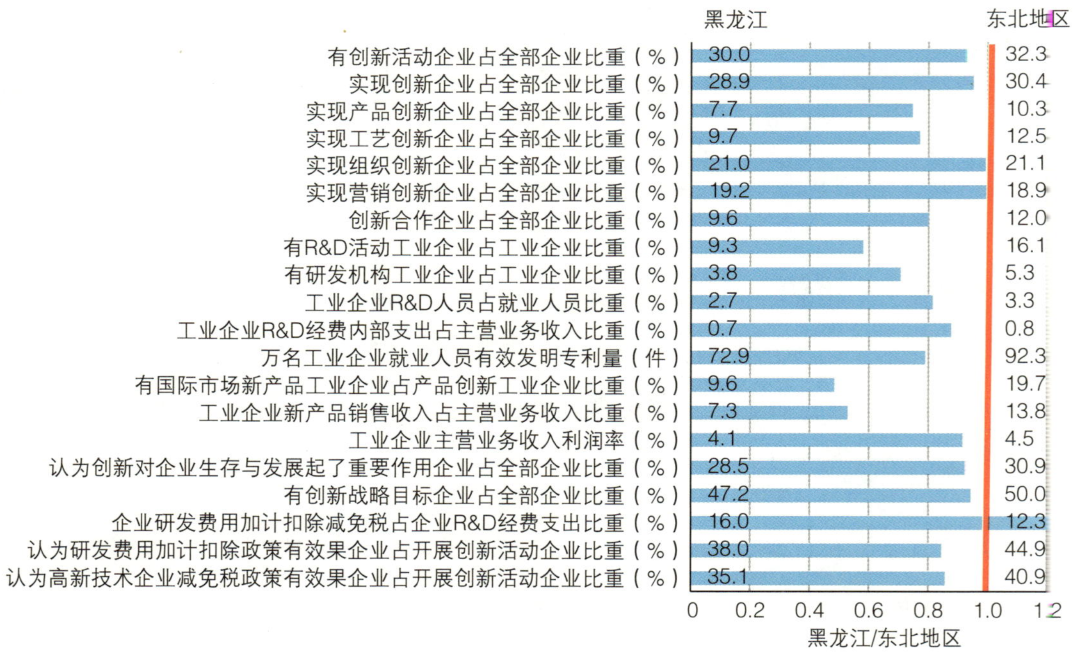

图5-16　黑龙江企业创新能力：与东北地区对比

9.上海

上海有 11 个指标高于全国平均水平，在万名工业企业就业人员有效发明专利量、企业研发费用加计扣除减免税占企业 R&D 经费支出比重和有国际市场新产品工业企业占产品创新工业企业比重方面具有明显优势，分别达到全国平均水平的 180.9%、161.0% 和 128.3%；在有研发机构工业企业占工业企业比重方面相对落后，仅为全国平均水平的 32.4%（图 5–17）。

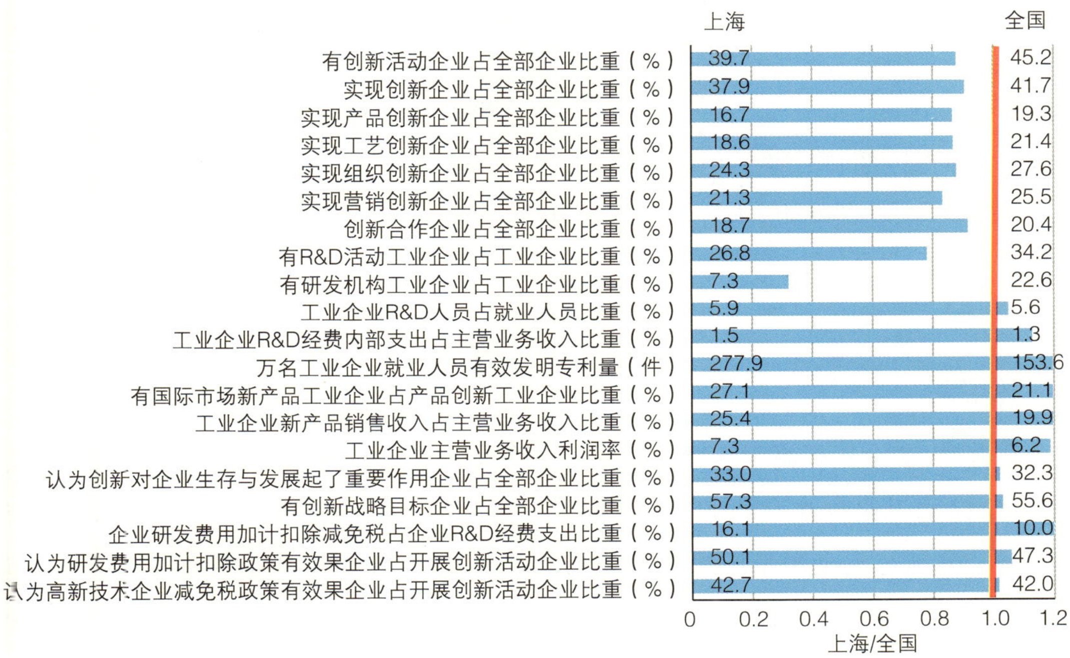

图5–17　上海企业创新能力：与全国对比

上海有 7 个指标高于东部地区平均水平，在企业研发费用加计扣除减免税占企业 R&D 经费支出比重、万名工业企业就业人员有效发明专利量和工业企业主营业务收入利润率方面表现突出，分别为地区平均水平的 156.0%、144.2% 和 119.8%；在有研发机构工业企业占工业企业比重方面明显落后，仅为地区平均水平的 24.8%（图 5–18）。

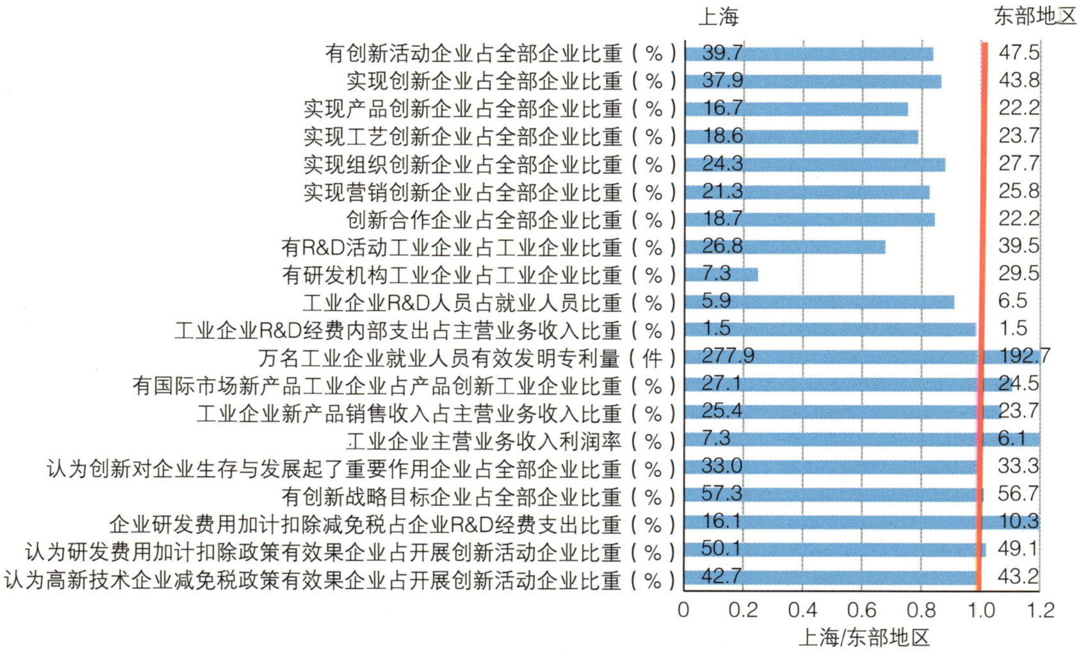

图5-18　上海企业创新能力：与东部地区对比

10.江苏

江苏有 18 个指标高于全国平均水平，在有研发机构工业企业占工业企业比重、有 R&D 活动工业企业占工业企业比重和工业企业 R&D 人员占就业人员比重方面优势明显，分别达到全国平均水平的 204.8%、173.6% 和 146.3%；在企业研发费用加计扣除减免税占企业 R&D 经费支出比重方面还有待提高，为全国平均水平的 79.8%（图 5–19）。

江苏有 16 个指标高于东部地区平均水平，在有研发机构工业企业占工业企业比亘、有 R&D 活动工业企业占工业企业比重和工业企业 R&D 人员占就业人员比重方面优势明显，分别达到地区平均水平的 156.5%、150.2% 和 126.6%；在企业研发费用加计扣除减免税占企业 R&D 经费支出比重方面略有不足，为地区平均水平的 77.3%（图 5–20）。

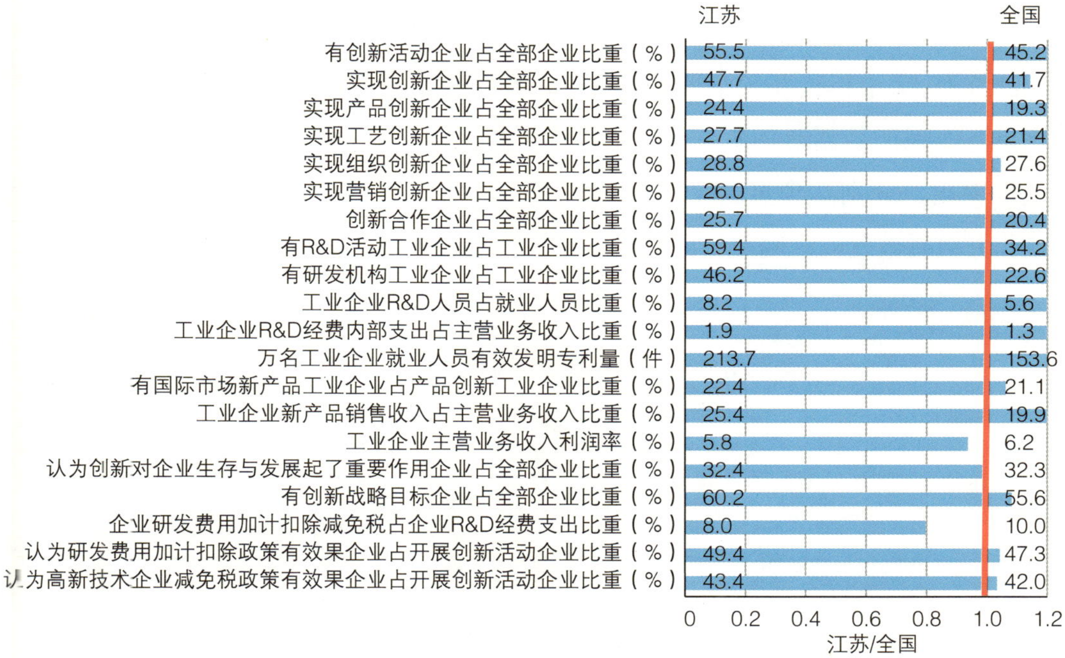

图5-19　江苏企业创新能力：与全国对比

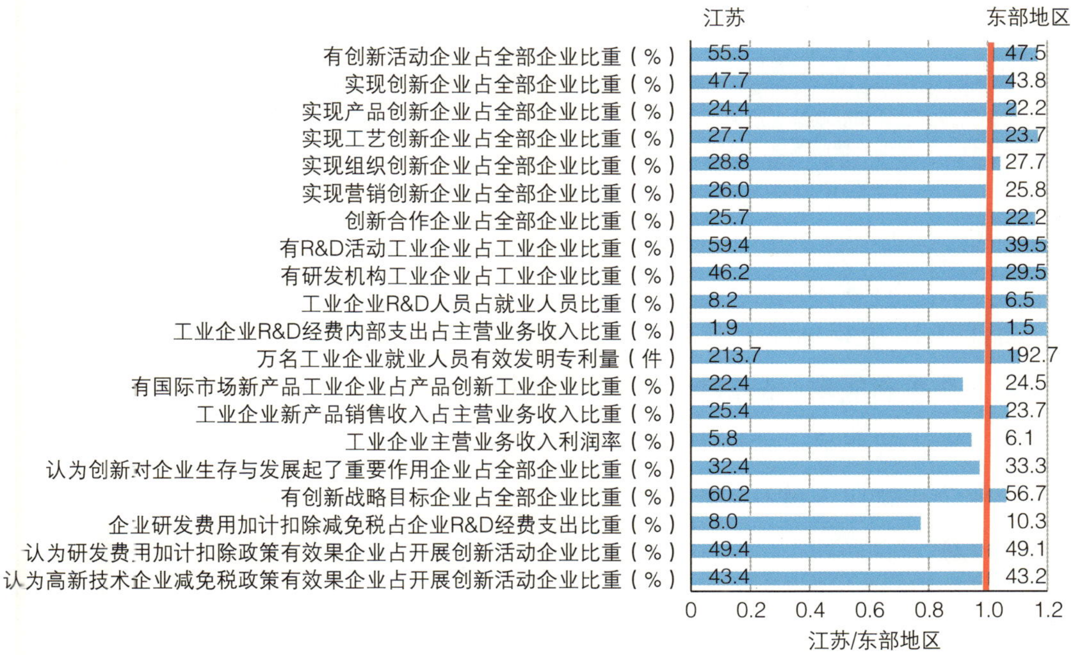

图5-20　江苏企业创新能力：与东部地区对比

11.浙江

浙江有 17 个指标高于全国平均水平，在工业企业新产品销售收入占主营业务收入比重、实现产品创新企业占全部企业比重和工业企业 R&D 人员占就业人员比重方面表现突出，分别达到全国平均水平的 172.8%、160.1% 和 151.1%；在万名工业企业就业人员有效发明专利量方面稍显不足，为全国平均水平的 72.7%（图 5–21）。

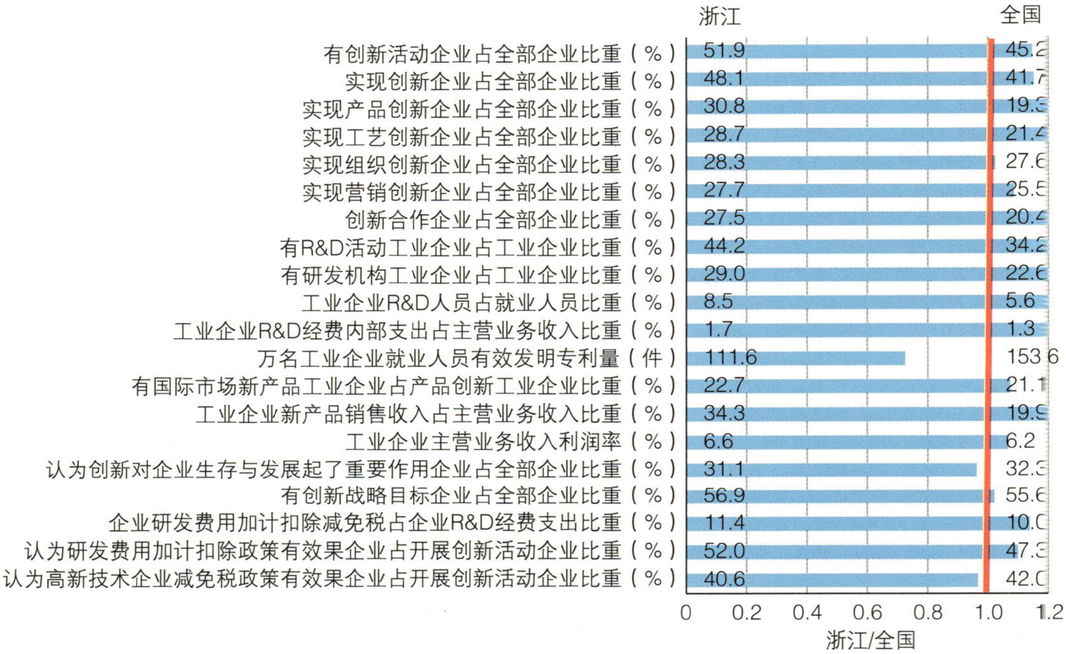

图5–21　浙江企业创新能力：与全国对比

浙江有 15 个指标高于东部地区平均水平，在工业企业新产品销售收入占主营业务收入比重和实现产品创新企业占全部企业比重和工业企业 R&D 人员占就业人员比重方面优势明显，分别为东部地区平均水平的 144.7%、138.9% 和 130.8%；在万名工业企业就业人员有效发明专利量方面相对落后，仅为地区平均水平的 57.9%（图 5–22）。

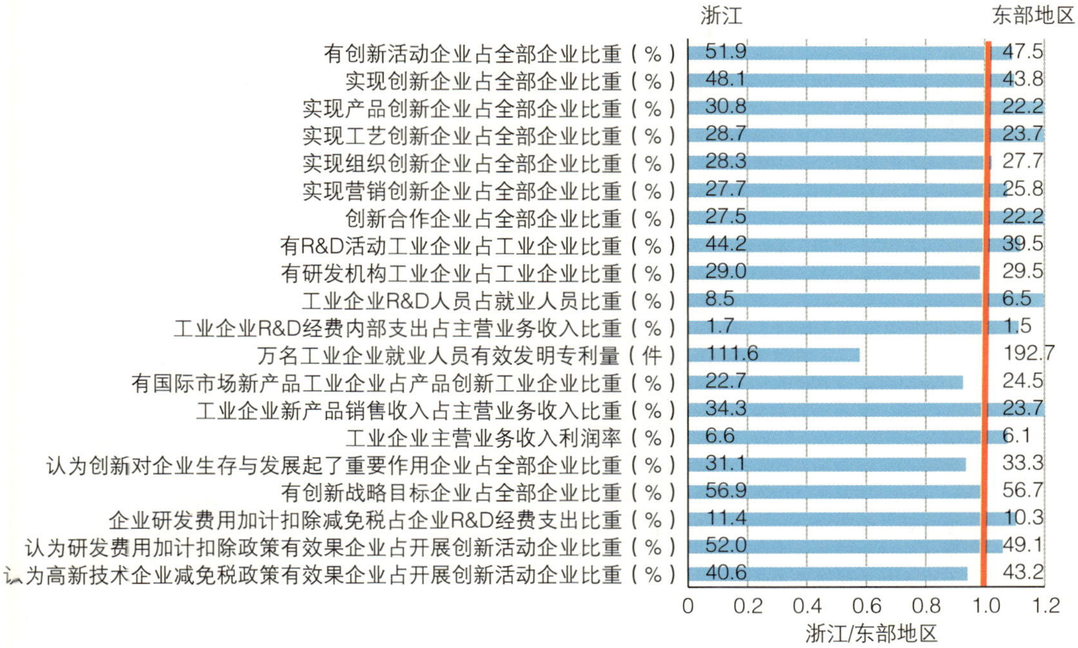

图5-22　浙江企业创新能力：与东部地区对比

12.安徽

安徽有 17 个指标高于全国平均水平，在万名工业企业就业人员有效发明专利量、工业企业新产品销售收入占主营业务收入比重和工业企业 R&D 人员占就业人员比重方面优势明显，分别为全国平均水平的 133.4%、130.7% 和 122.6%；在有国际市场新产品工业企业占产品创新工业企业比重方面略有不足，为全国平均水平的 87.1%（图 5–23）。

安徽有 19 个指标高于中部地区平均水平，具有引领中部地区创新的实力。在万名工业企业就业人员有效发明专利量、有研发机构工业企业占工业企业比重和工业企业 R&D 人员占就业人员比重方面表现突出，分别达到地区平均水平的 202.3%、166.9% 和 140.0%。为实现全面引领，需要在工业企业主营业务收入利润率方面有所提升，该指标为地区平均水平的 94.5%（图 5–24）。

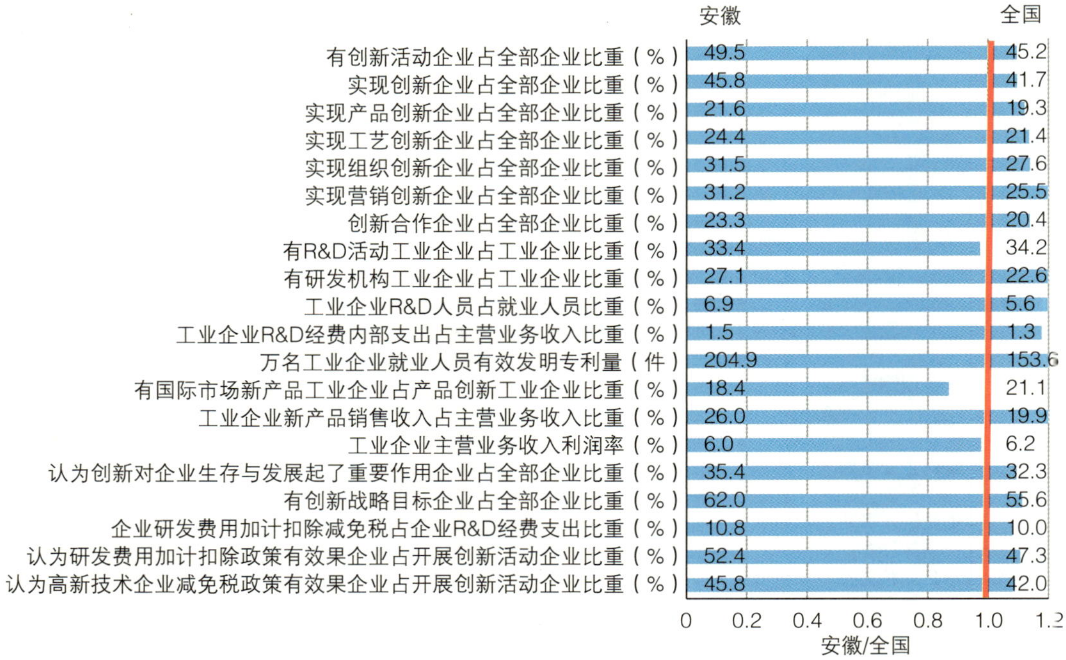

图5-23　安徽企业创新能力：与全国对比

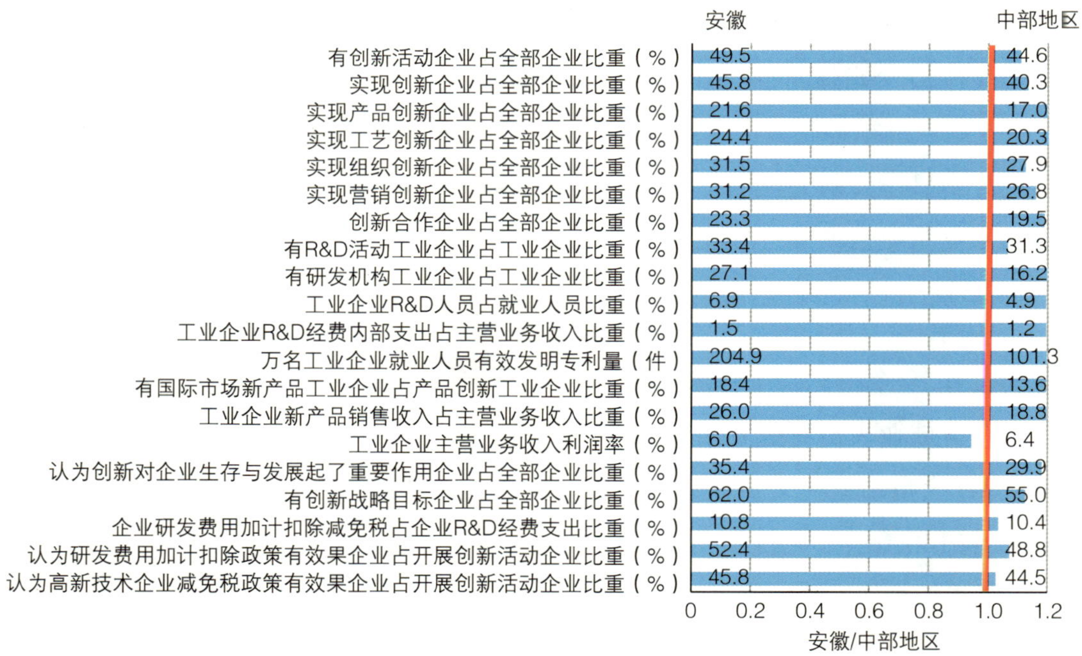

图5-24　安徽企业创新能力：与中部地区对比

13.福建

福建有 2 个指标高于全国平均水平，在工业企业主营业务收入利润率和有国际市场新产品工业企业占产品创新工业企业比重方面优势较为明显，分别为全国平均水平的 121.9% 和 110.2%；在有研发机构工业企业占工业企业比重、工业企业新产品销售收入占主营业务收入比重方面有待提升，分别仅为全国平均水平的 41.1% 和 50.6%（图 5–25）。

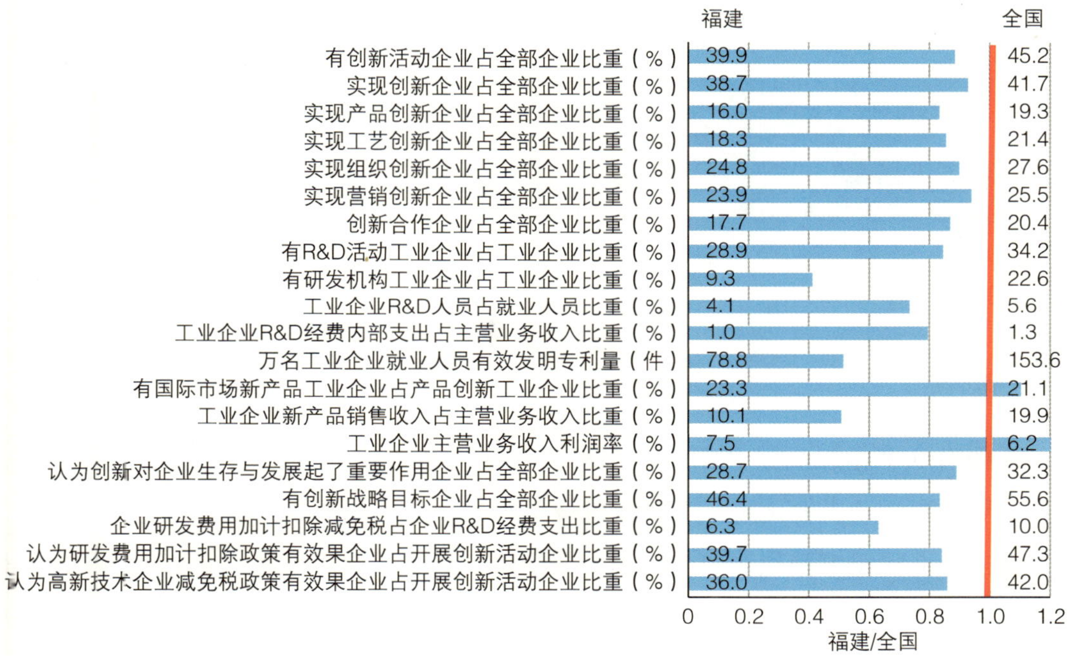

图5–25　福建企业创新能力：与全国对比

福建有 1 个指标高于东部地区平均水平，在工业企业主营业务收入利润率方面优势明显，为地区平均水平的 122.9%；在有研发机构工业企业占工业企业比重、万名工业企业就业人员有效发明专利量方面落后较明显，分别仅为地区平均水平的 31.4% 和 40.9%（图 5–26）。

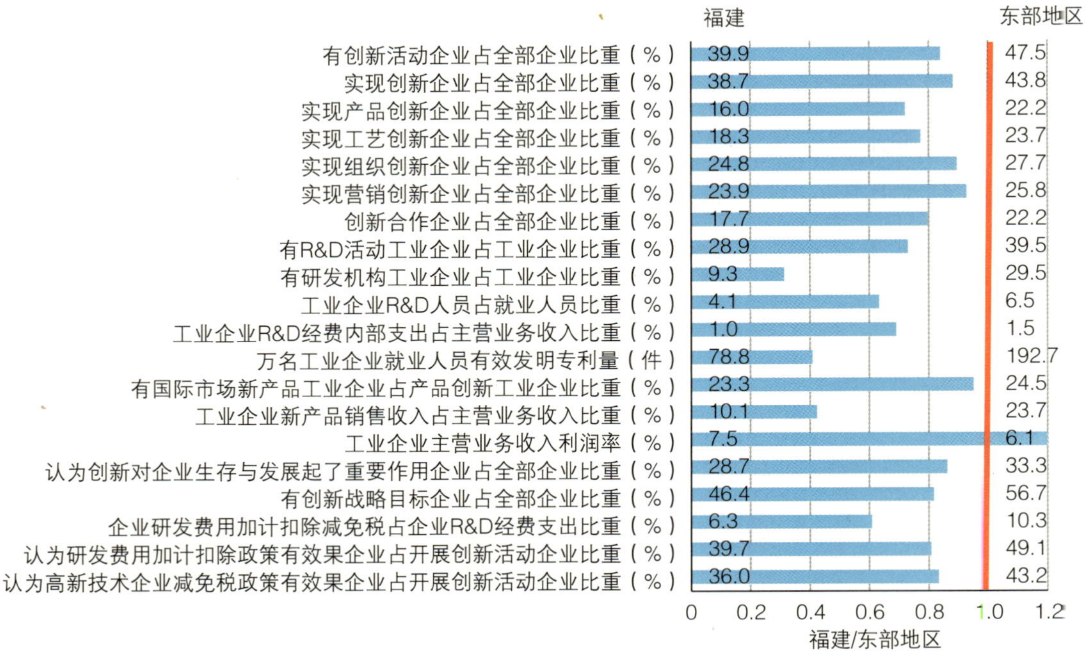

图5-26　福建企业创新能力：与东部地区对比

14.江西

江西有 9 个指标高于全国平均水平，在认为高新技术企业减免税政策有效果企业占开展创新活动企业比重、有研发机构工业企业占工业企业比重和实现产品创新企业占全部企业比重方面优势较为明显，分别达到全国平均水平的 118.0%、118.0% 和 116.5%；在万名工业企业就业人员有效发明专利量方面落后较多，仅为全国平均水平的 36.9%（图 5–27）。

江西有 11 个指标高于中部地区平均水平，在有研发机构工业企业占工业企业比重、实现产品创新企业占全部企业比重和实现工艺创新企业占全部企业比重方面优势较为明显，分别为地区平均水平的 164.0%、132.2% 和 115.9%；在万名工业企业就业人员有效发明专利量方面相对落后，仅为地区平均水平的 56.0%（图 5–28）。

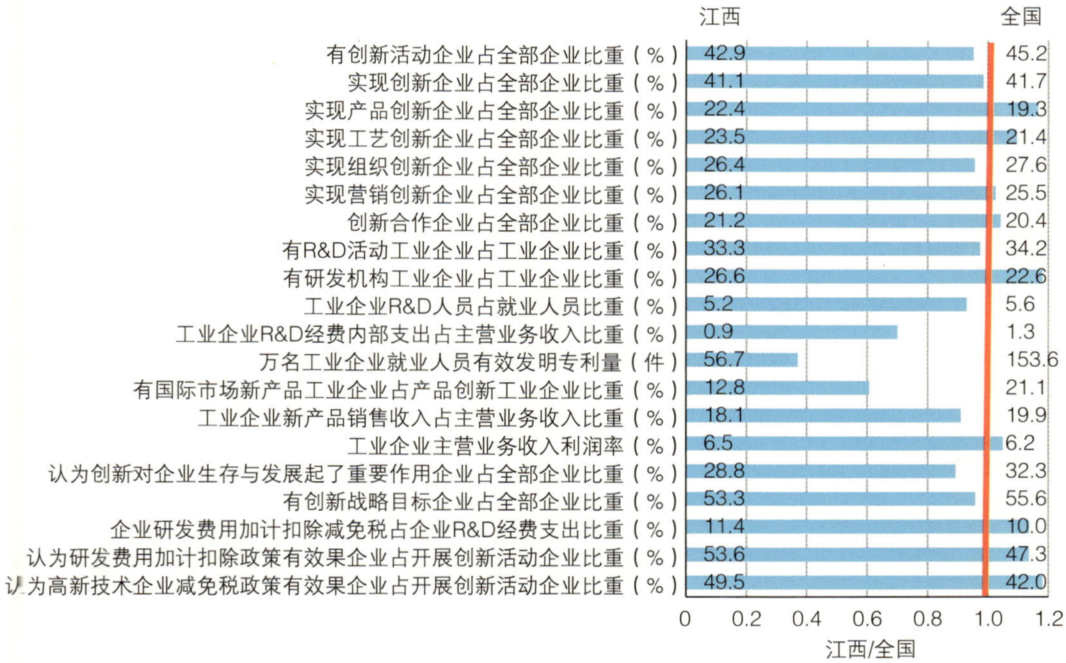

图5-27　江西企业创新能力：与全国对比

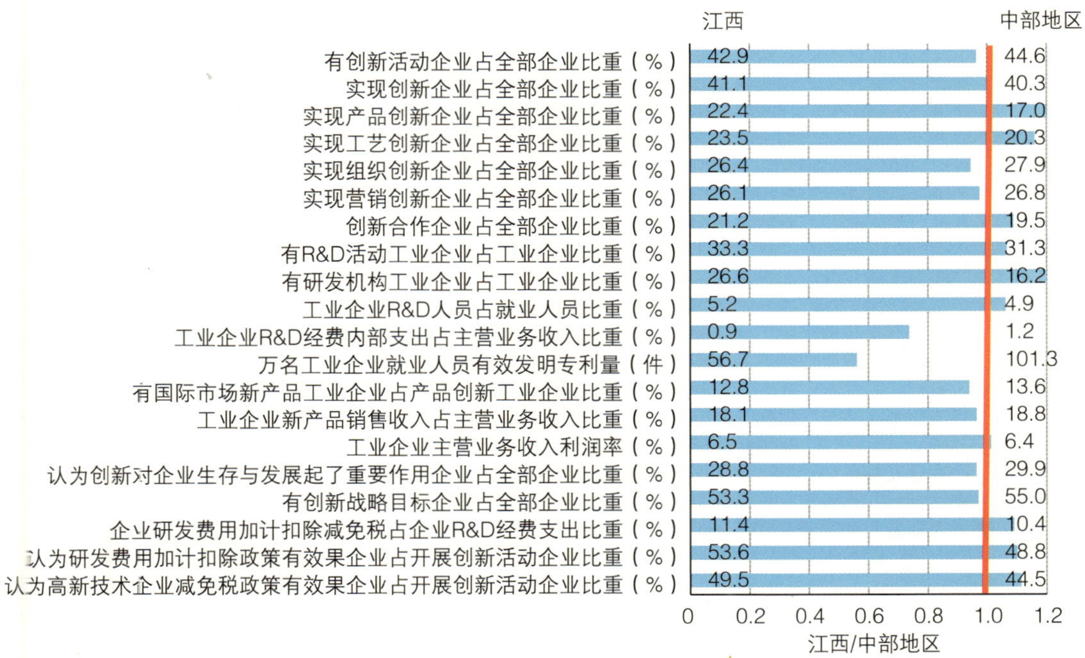

图5-28　江西企业创新能力：与中部地区对比

15.山东

山东有 8 个指标高于全国平均水平，在认为创新对企业生存与发展起了重要作用企业占全部企业比重、工业企业 R&D 经费内部支出占主营业务收入比重和有创新战略目标企业占全部企业比重方面优势较为明显，分别为全国平均水平的 117.5%、111.2% 和 106.2%；在有研发机构工业企业占工业企业比重方面相对落后，仅为全国平均水平的 41.9%。2019 年，山东高于全国平均水平的指标个数较 2018 年增加 5 个，主要是因为工业企业 R&D 人员占就业人员比重指标由 2018 年高于全国平均值转变为低于全国平均值，而实现组织创新企业占全部企业比重、实现营销创新企业占全部企业比重、有国际市场新产品工业企业占产品创新工业企业比重、有创新战略目标企业占全部企业比重、认为研发费用加计扣除政策有效果企业占开展创新活动企业比重、认为高新技术企业减免税政策有效果企业占开展创新活动企业比重 6 个指标由 2018 年低于全国平均值转变为高于全国平均值（图 5–29）。

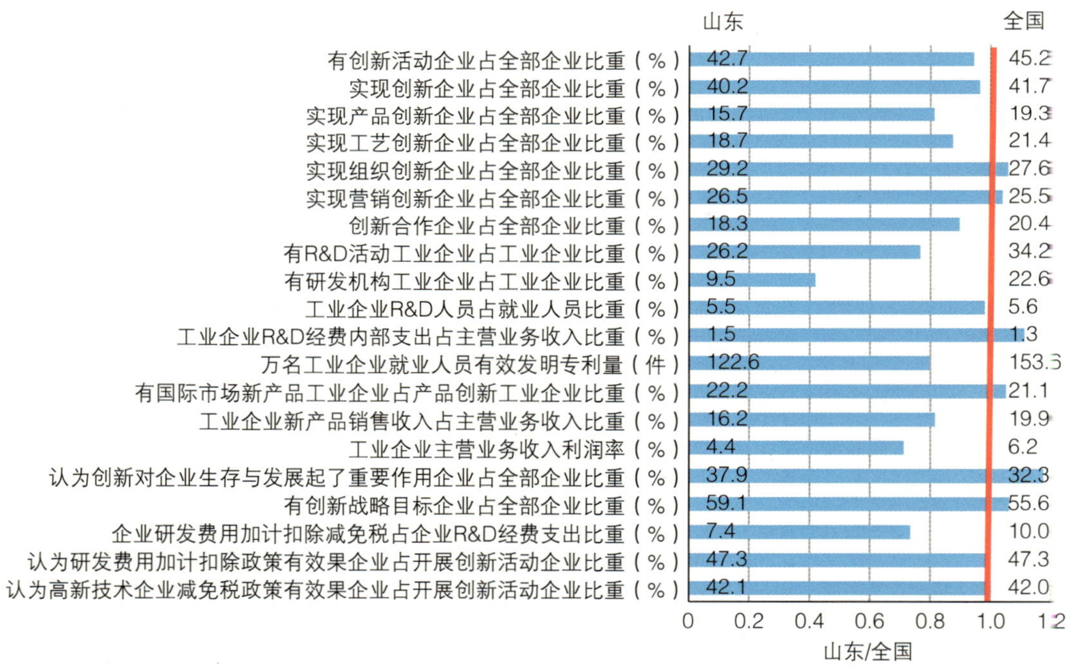

图5–29　山东企业创新能力：与全国对比

山东有 4 个指标高于东部地区平均水平，在认为创新对企业生存与发展起了重要作用企业占全部企业比重、实现组织创新企业占全部企业比重和有创新战略目标企业占全部企业比重方面优势较为明显，分别为地区平均水平的 114.1%、105.5% 和 104.2%；在有研发机构工业企业占工业企业比重方面落后较多，仅为地区平均水平的 32.0%（图 5–30）。

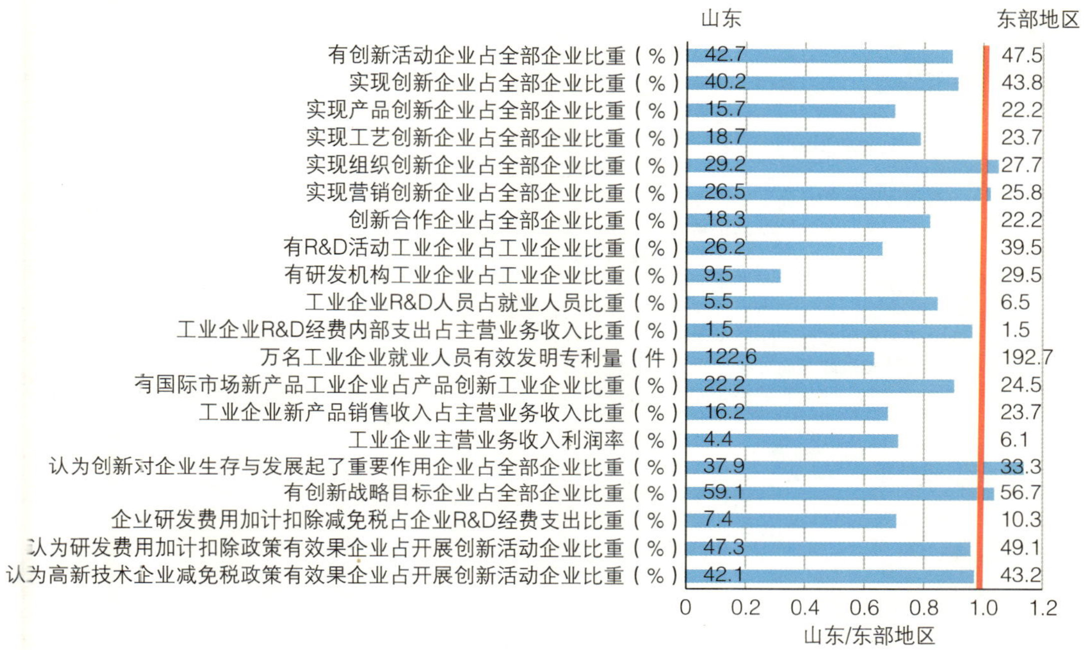

图5–30 山东企业创新能力：与东部地区对比

16.河南

河南有 1 个指标（工业企业主营业务收入利润率）高于全国平均水平，为全国平均水平的 114.9%；在有研发机构工业企业占工业企业比重、万名工业企业就业人员有效发明专利量方面落后较明显，分别仅为全国平均水平的 36.9% 和 40.3%（图 5–31）。

河南有 1 个指标（工业企业主营业务收入利润率）高于中部地区平均水平，为地区平均水平的 110.9%；在有研发机构工业企业占工业企业比重方面相对落后，仅为地区平均水平的 51.3%（图 5–32）。

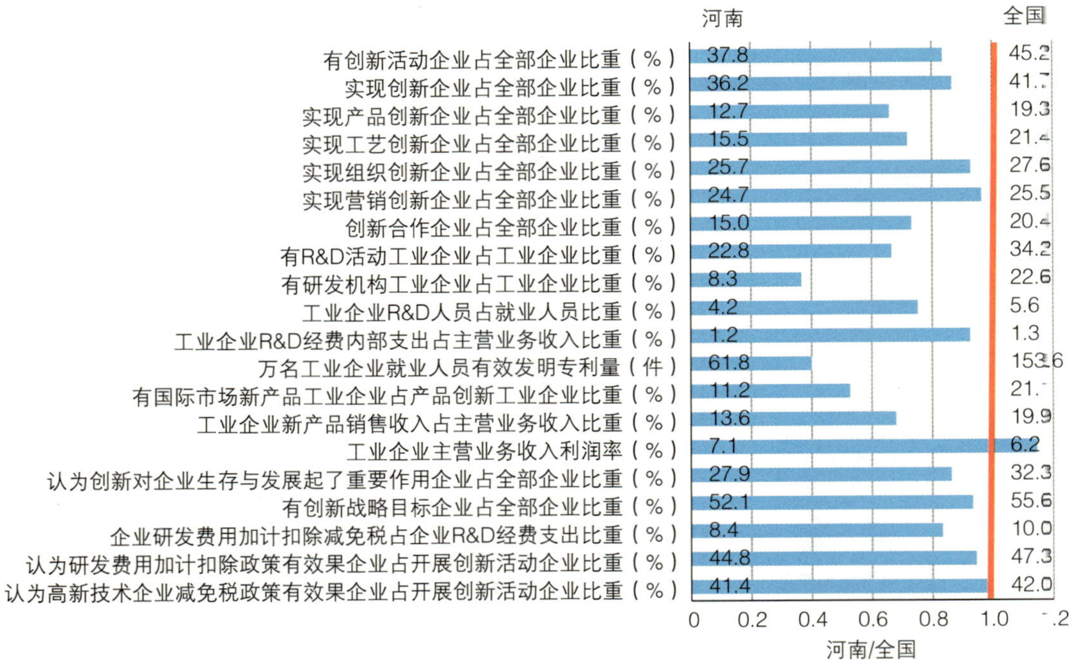

图5-31　河南企业创新能力：与全国对比

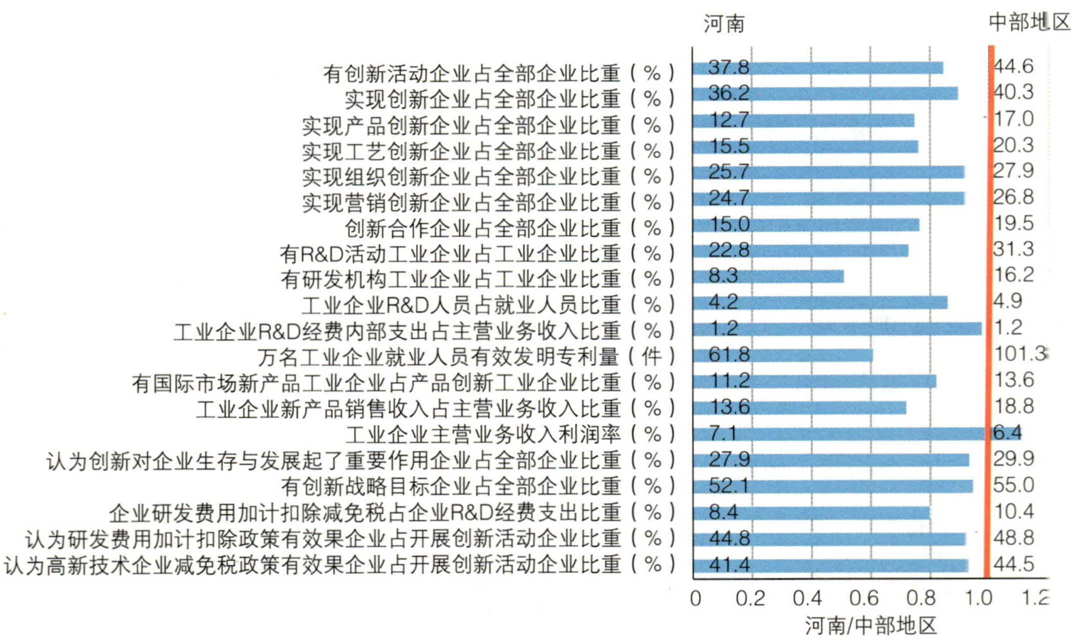

图5-32　河南企业创新能力：与中部地区对比

17.湖北

湖北有 10 个指标高于全国平均水平，其在实现组织创新企业占全部企业比重、认为高新技术企业减免税政策有效果企业占开展创新活动企业比重和实现营销创新企业占全部企业比重方面优势较明显，分别为全国平均水平的 110.5%、109.7% 和 109.2%；其在有国际市场新产品工业企业占产品创新工业企业比重、有研发机构工业企业占工业企业比重方面有待提高，仅为全国平均水平的 53.2% 和 57.4%。2019 年，湖北高于全国平均水平的指标个数较 2018 年减少 3 个，主要是由于实现产品创新企业占全部企业比重、实现工艺创新企业占全部企业比重、工业企业 R&D 人员占就业人员比重 3 个指标由 2018 年高于全国平均水平转向低于全国平均水平（图 5–33）。

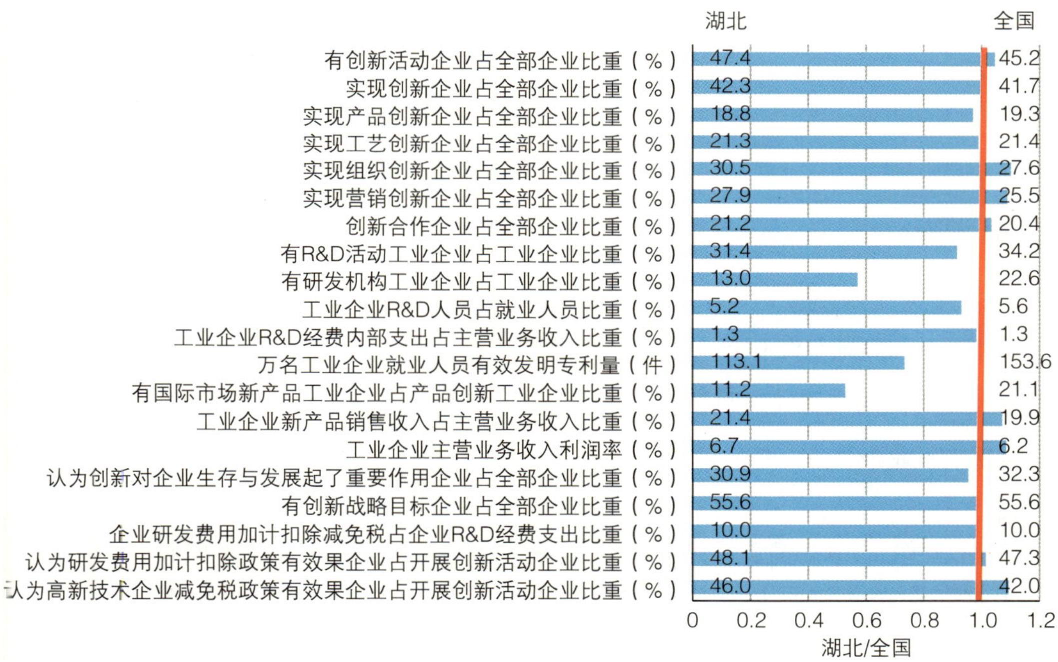

图5–33 湖北企业创新能力：与全国对比

湖北有 16 个指标高于中部地区平均水平，其在工业企业新产品销售收入占主营业务收入比重、万名工业企业就业人员有效发明专利量和实现产品创新企业占全部企业比重方面优势较为明显，分别达到地区平均水平的 113.8%、111.7% 和 110.5%；其有研发机构工业企业占工业企业比重、有国际市场新产品工业企业占产品创新工业企业比重方面略显不足，为地区平均水平的 79.8%、82.6%（图 5–34）。

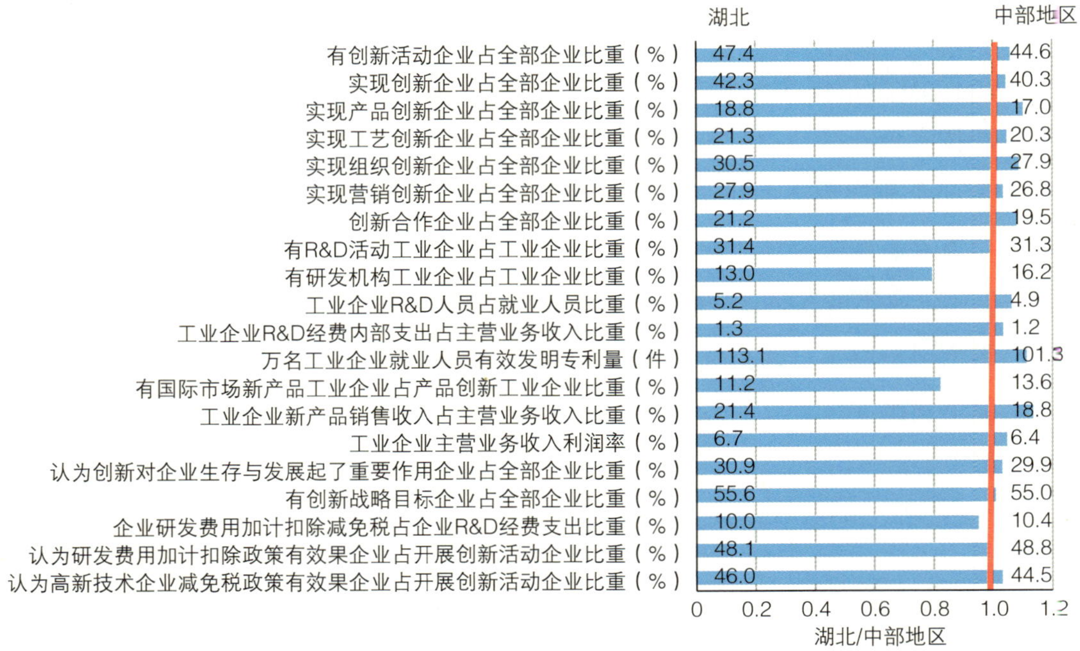

图5-34 湖北企业创新能力：与中部地区对比

18.湖南

湖南有 11 个指标高于全国平均水平，其在有 R&D 活动工业企业占工业企业比重、企业研发费用加计扣除减免税占企业 R&D 经费支出比重、工业企业 R&D 经费内部支出占主营业务收入比重方面的优势最为明显，分别为全国平均水平的 125.8%、120.7% 和 119.5%；其在有研发机构工业企业占工业企业比重方面落后较多，为全国平均水平的 47.4%（图 5–35）。

湖南有 13 个指标高于中部地区平均水平，在有 R&D 活动工业企业占工业企业比重、万名工业企业就业人员有效发明专利量和工业企业 R&D 经费内部支出占主营业务收入比重方面表现突出，分别达到地区平均水平的 137.6%、126.9% 和 125.9%；其在有研发机构工业企业占工业企业比重方面仍有待提升，为地区平均水平的 65.9%。2019 年，湖南高于地区平均水平的指标个数较 2018 年增加 2 个，主要是因为有国际市场新产品工业企业占产品创新工业企业比重由 2018 年高于地区平均值转变为低于地区平均值，而企业研发费用加计扣除减免税占企业 R&D 经费支出比重、认为研发费用加计扣除政策有效果企业占开展创新活动企业比重、认为高新技术企业减免税政策有效果企业占开展创新活动企业比重 3 个指标由 2018 年低于地区平均值转变为高于地区平均值（图 5–36）。

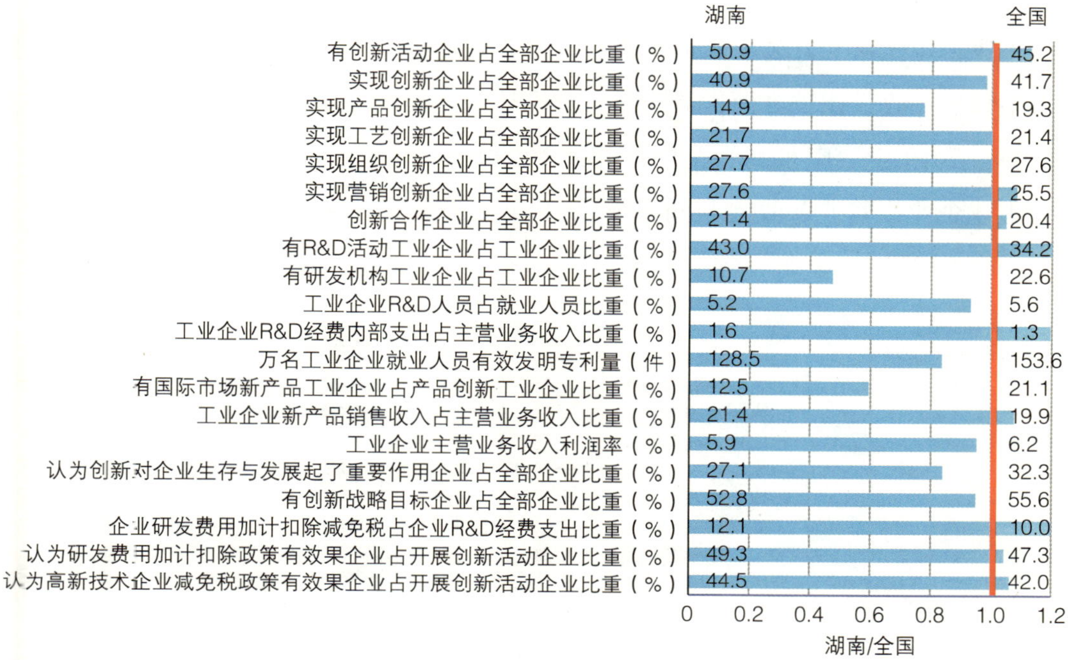

图5–35 湖南企业创新能力：与全国对比

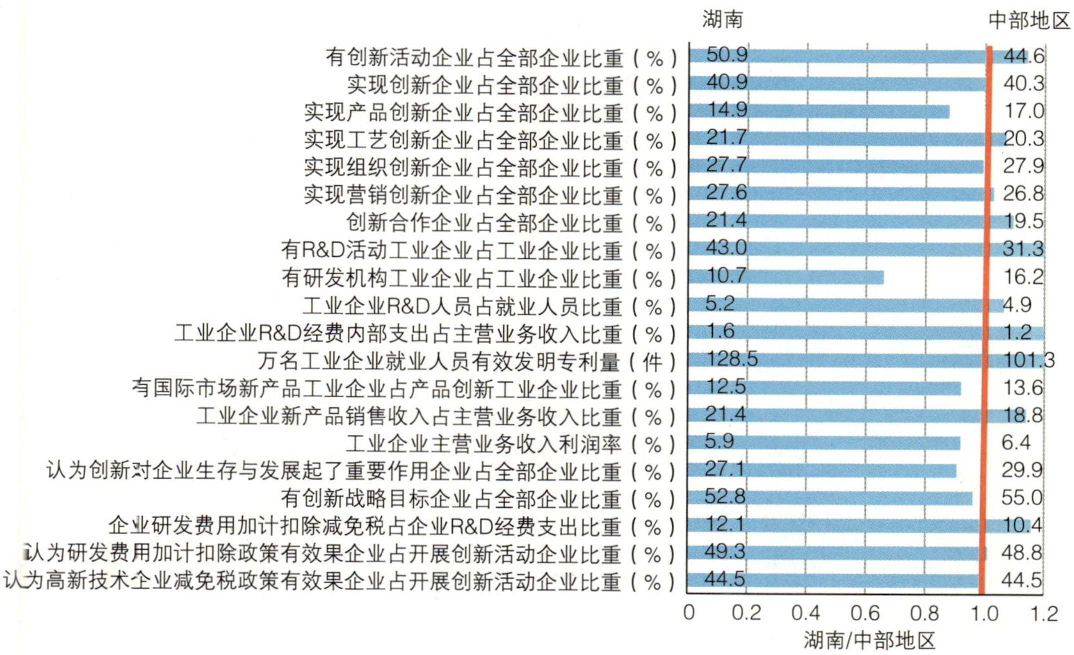

图5–36 湖南企业创新能力：与中部地区对比

19.广东

广东 20 个指标均高于全国平均水平，呈创新引领之势。其在有研发机构工业企业占工业企业比重、万名工业企业就业人员有效发明专利量及工业企业新产品销售收入占主营业务收入比重方面优势明显，分别达到全国平均水平的 188.7%、176.4% 和 147.4%。2019 年，广东高于全国平均水平的指标个数较 2018 年增加 1 个，主要是因为工业企业主营业务收入利润率由 2018 年低于全国平均水平转变为高于全国平均水平（图 5–37）。

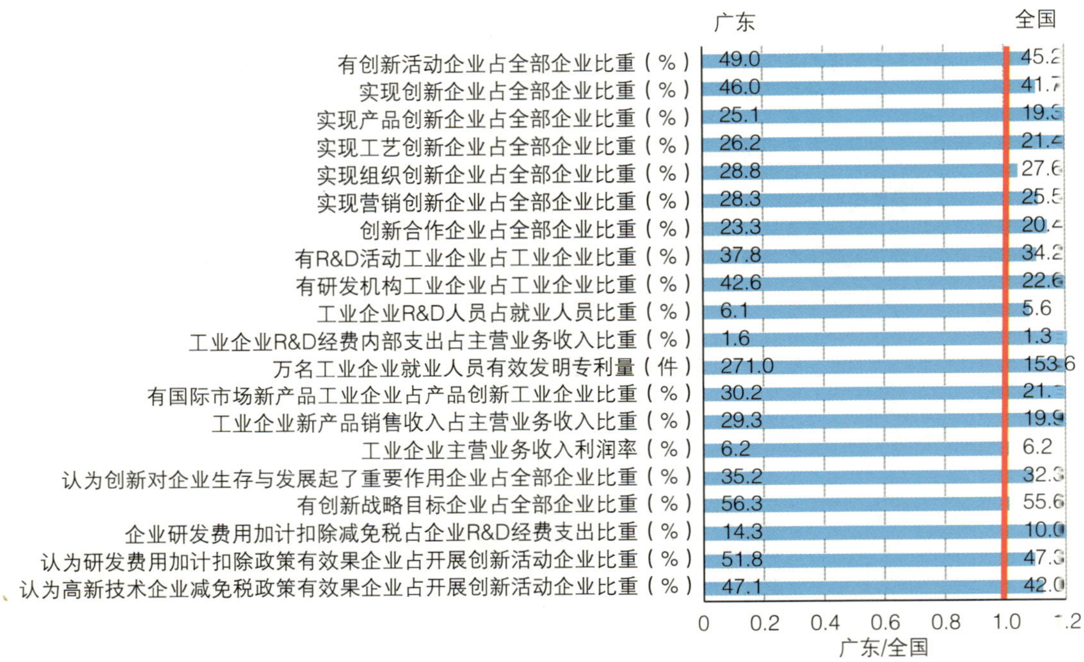

图5–37　广东企业创新能力：与全国对比

广东有 17 个指标高于东部地区平均水平，具有引领东部地区创新的实力。其在有研发机构工业企业占工业企业比重、万名工业企业就业人员有效发明专利量、企业研发费用加计扣除减免税占企业 R&D 经费支出比重方面优势明显，分别达到地区平均水平的 144.2%、140.6% 和 137.9%；其在工业企业 R&D 人员占就业人员比重方面稍显不足，为地区平均水平的 93.6%。2019 年，广东高于地区平均水平的指标个数较 2018 年减少 1 个，主要是因为工业企业主营业务收入利润率由 2018 年低于全国平均水平转变为高于全国平均水平，而有 R&D 活动工业企业占工业企业比重、工业企业

R&D 人员占就业人员比重 2 个指标由 2018 年高于地区平均水平转变为低于地区平均水平（图 5–38）。

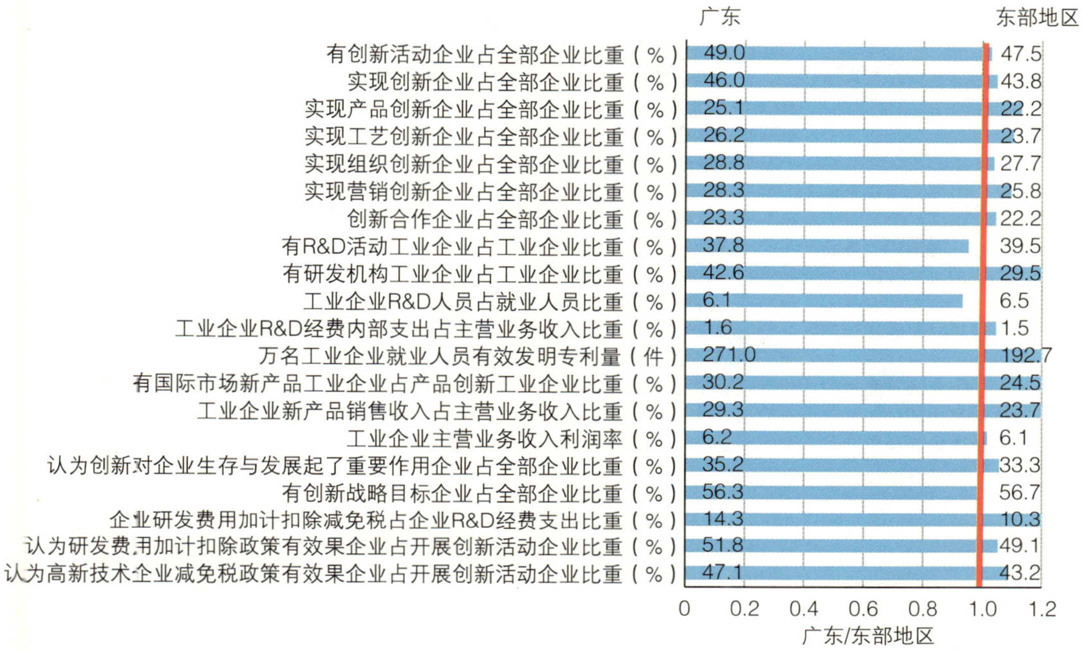

图5–38　广东企业创新能力：与东部地区对比

20.广西

广西有 1 个指标高于全国平均水平，其企业研发费用加计扣除减免税占企业 R&D 经费支出比重为全国平均水平的 113.5%；其在有研发机构工业企业占工业企业比重和有 R&D 活动工业企业占工业企业比重方面还存在不足，仅为全国平均水平的 18.8% 和 29.1%（图 5–39）。

广西有 3 个指标高于西部地区平均水平，其企业研发费用加计扣除减免税占企业 R&D 经费支出比重、有国际市场新产品工业企业占产品创新工业企业比重和工业企业新产品销售收入占主营业务收入比重分别为地区平均水平的 169.5%、133.9% 和 121.8%；其在有 R&D 活动工业企业占工业企业比重方面明显不足，仅为地区平均水平的 49.2%（图 5–40）。

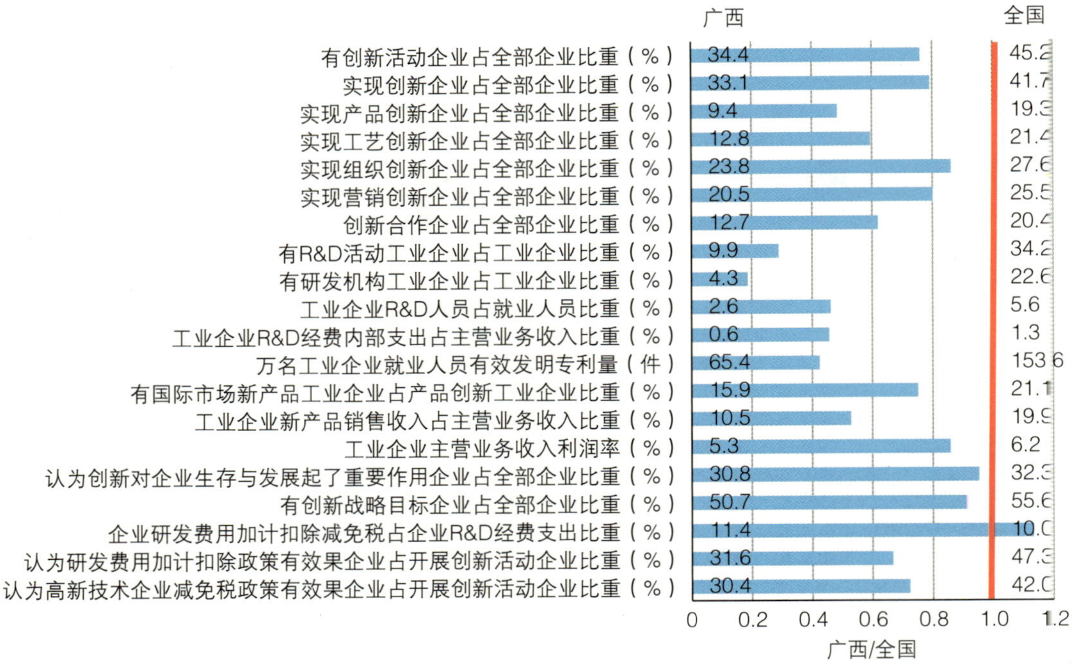

图5-39　广西企业创新能力：与全国对比

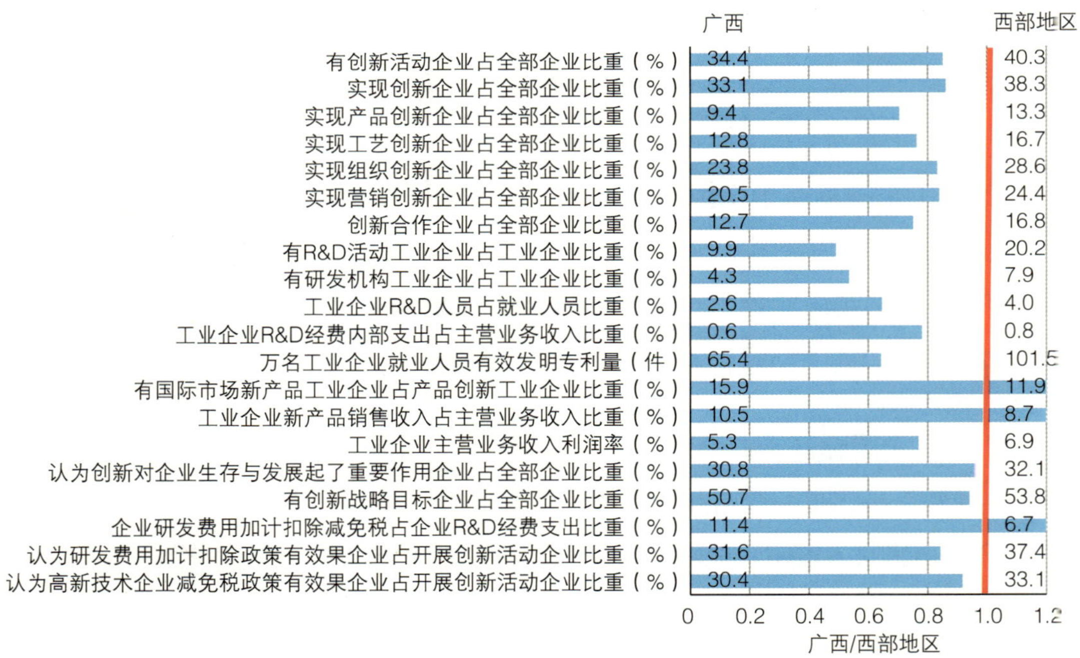

图5-40　广西企业创新能力：与西部地区对比

21.海南

海南有 3 个指标高于全国平均水平，其企业研发费用加计扣除减免税占企业 R&D 经费支出比重、工业企业主营业务收入利润率和认为创新对企业生存与发展起了重要作用企业占全部企业比重分别达到全国平均水平的 265.3%、119.6% 和 110.0%；其在工业企业新产品销售收入占主营业务收入比重方面明显落后，仅为全国平均水平的 20.4%（图 5–41）。

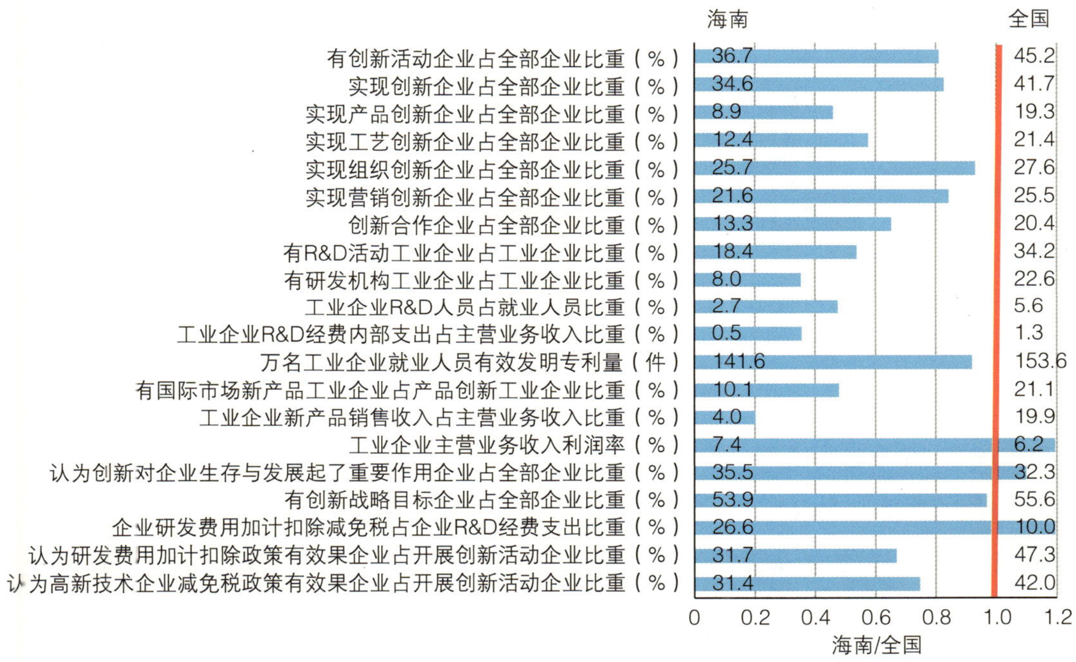

图5–41 海南企业创新能力：与全国对比

海南有 3 个指标高于东部地区平均水平，在企业研发费用加计扣除减免税占企业 R&D 经费支出比重、工业企业主营业务收入利润率和认为创新对企业生存与发展起了重要作用企业占全部企业比重方面优势明显，分别为地区平均水平的 257.1%、120.5% 和 106.8%；其在工业企业新产品销售收入占主营业务收入比重及有研发机构工业企业占工业企业比重方面明显不足，分别仅为地区平均水平的 17.0% 和 27.1%（图 5–42）。

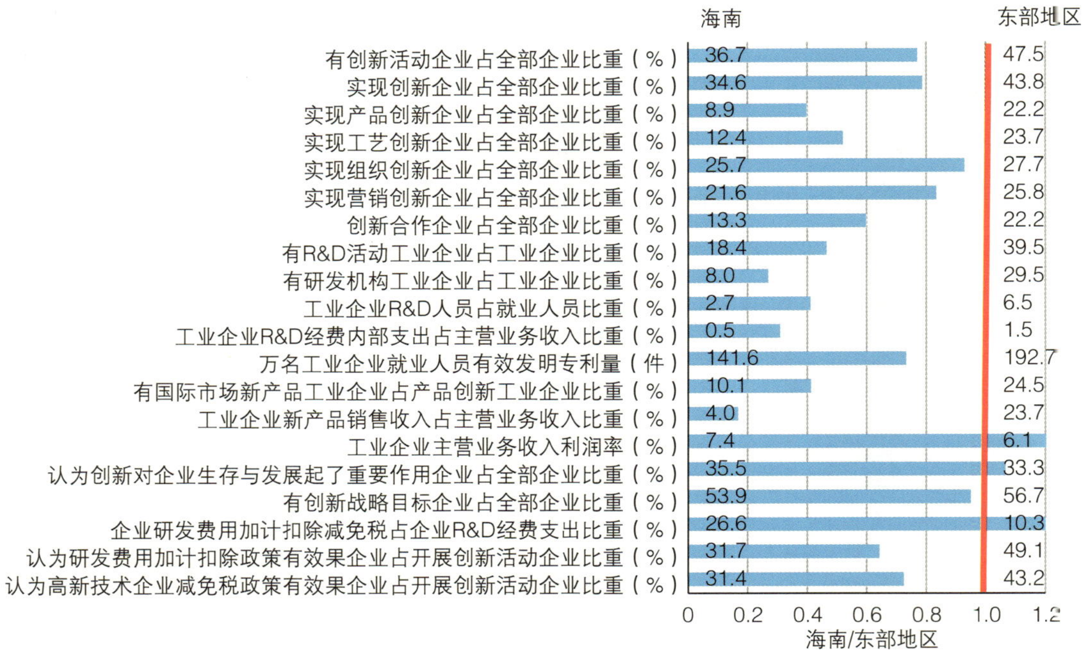

图5-42　海南企业创新能力：与东部地区对比

22.重庆

重庆有 10 个指标高于全国平均水平，其在工业企业 R&D 经费内部支出占主营业收入比重、工业企业 R&D 人员占就业人员比重和有 R&D 活动工业企业占工业企业比重方面优势明显，为全国平均水平的 119.7%、113.7% 和 112.8%；其在有国际市场新产品工业企业占产品创新工业企业比重方面相对落后，为全国平均水平的 56.8%。2019 年，重庆高于全国平均水平的指标个数较 2018 年减少 3 个，主要为有创新活动企业占全部企业比重、认为创新对企业生存与发展起了重要作用企业占全部企业比重、有创新战略目标企业占全部企业比重 3 个指标由 2018 年高于全国平均水平转变为低于全国平均水平（图 5-43）。

重庆有 18 个指标高于西部地区平均水平，具有引领西部地区创新的实力。在工业企业新产品销售收入占主营业务收入比重、万名工业企业就业人员有效发明专利量和有 R&D 活动工业企业占工业企业比重方面优势明显，分别达到地区平均水平的 235.3%、204.6% 和 190.8%；其在工业企业主营业务收入利润率方面稍显落后，为地区平均水平的 82.1%（图 5-44）。

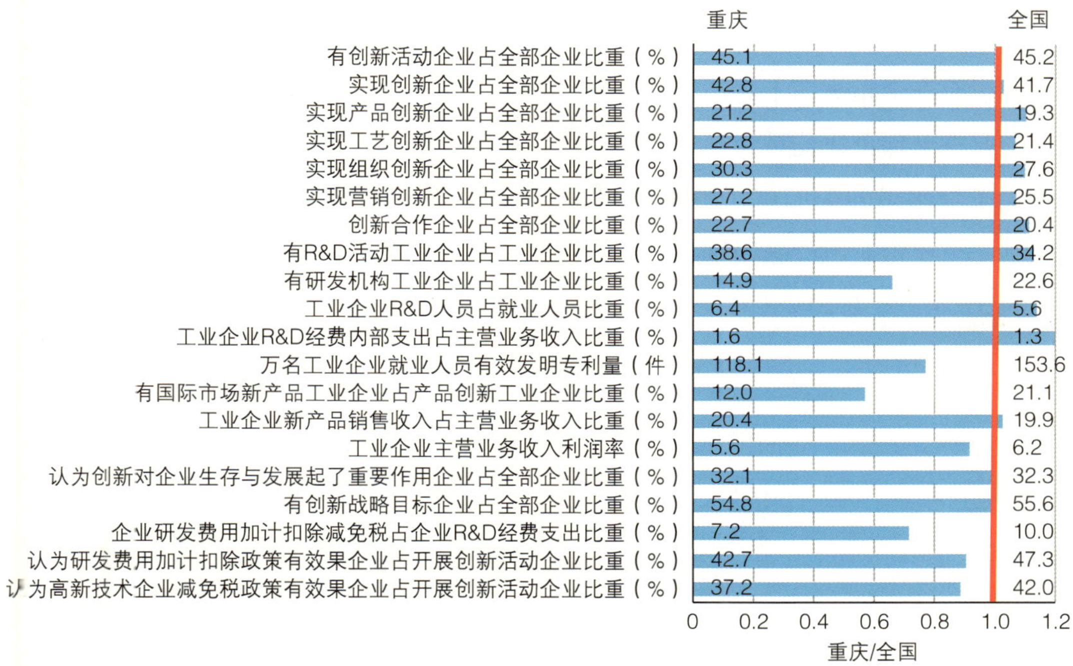

图5-43　重庆企业创新能力：与全国对比

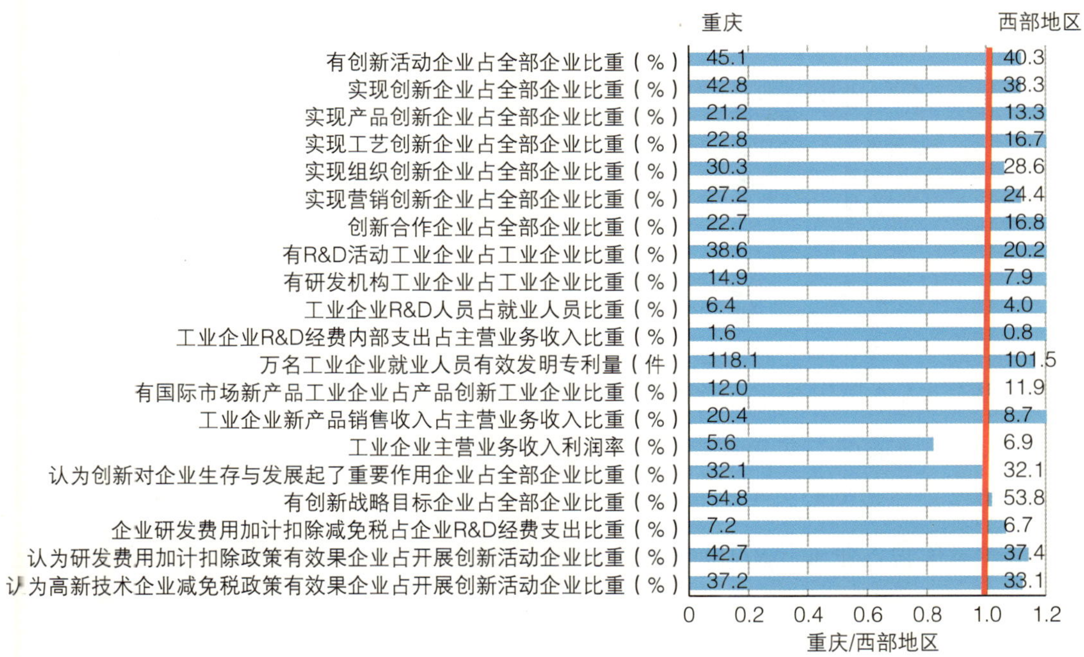

图5-44　重庆企业创新能力：与西部地区对比

23.四川

四川有 5 个指标高于全国平均水平，在工业企业主营业务收入利润率、实现组织创新企业占全部企业比重和实现营销创新企业占全部企业比重方面优势较为明显，达到全国平均水平的 111.6%、108.8% 和 102.8%；其在有研发机构工业企业占工业企业比重、工业企业新产品销售收入占主营业务收入比重方面明显落后，仅为全国平均水平的 37.5% 和 48.0%（图 5−45）。

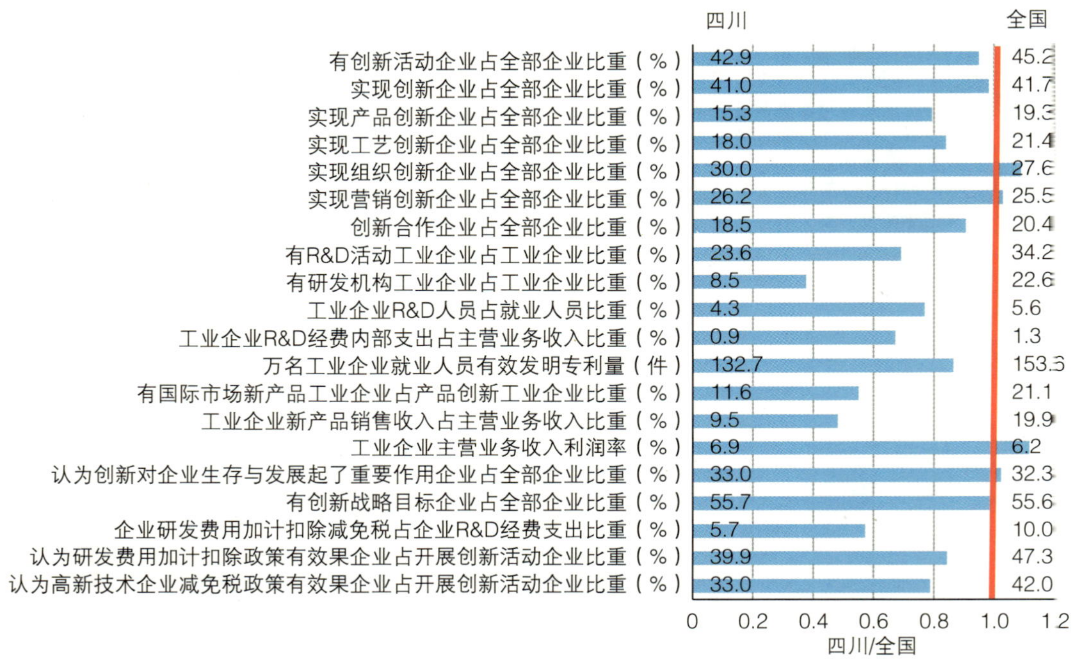

图5−45　四川企业创新能力：与全国对比

四川有 17 个指标高于西部地区平均水平，在万名工业企业就业人员有效发明专利量、有 R&D 活动工业企业占工业企业比重及实现产品创新企业占全部企业比重方面优势明显，分别为地区平均水平的 130.7%、116.8% 和 115.0%；其在企业研发费用加计扣除减免税占企业 R&D 经费支出比重方面相对不足，为地区平均水平的 85.4%（图 5−46）。

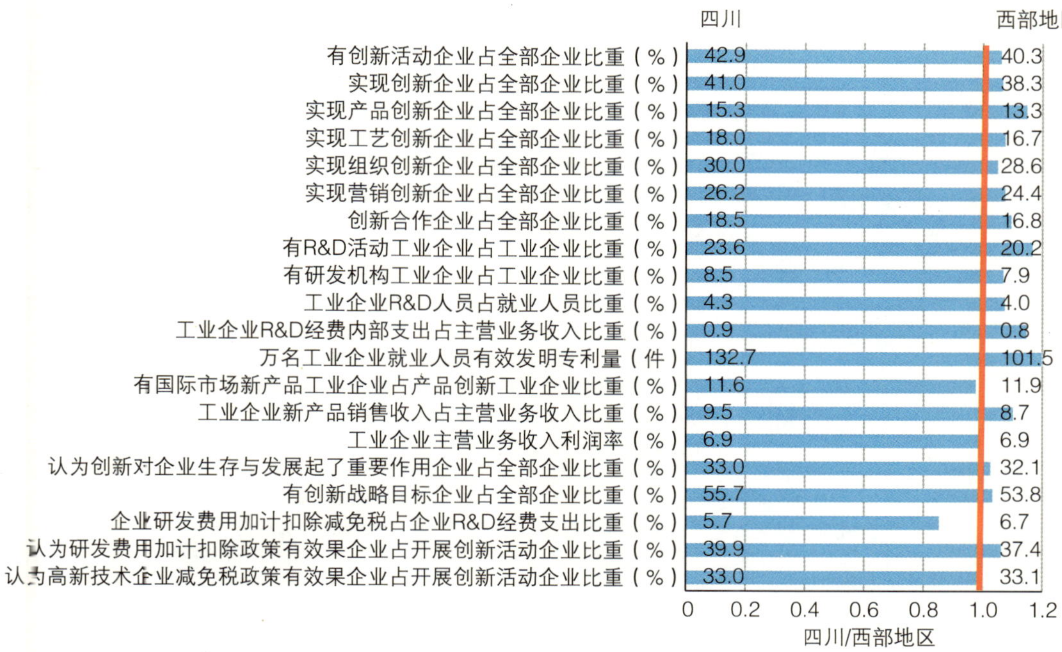

图5-46　四川企业创新能力：与西部地区对比

24.贵州

贵州有 2 个指标高于全国平均水平，在工业企业主营业务收入利润率和实现组织创新企业占全部企业比重方面优势明显，分别为全国平均水平的 162.2% 和 107.5%；其在企业研发费用加计扣除减免税占企业 R&D 经费支出比重及工业企业新产品销售收入占主营业务收入比重方面落后较明显，分别仅为全国平均水平的 40.3%、42.2%（图 5-47）。

贵州有 14 个指标高于西部地区平均水平，在工业企业主营业务收入利润率、有研发机构工业企业占工业企业比重和工业企业 R&D 经费内部支出占主营业务收入比重方面优势明显，分别为地区平均水平的 145.4%、140.2% 和 121.8%；其在企业研发费用加计扣除减免税占企业 R&D 经费支出比重方面有待提升，为地区平均水平的 60.2%（图 5-48）。

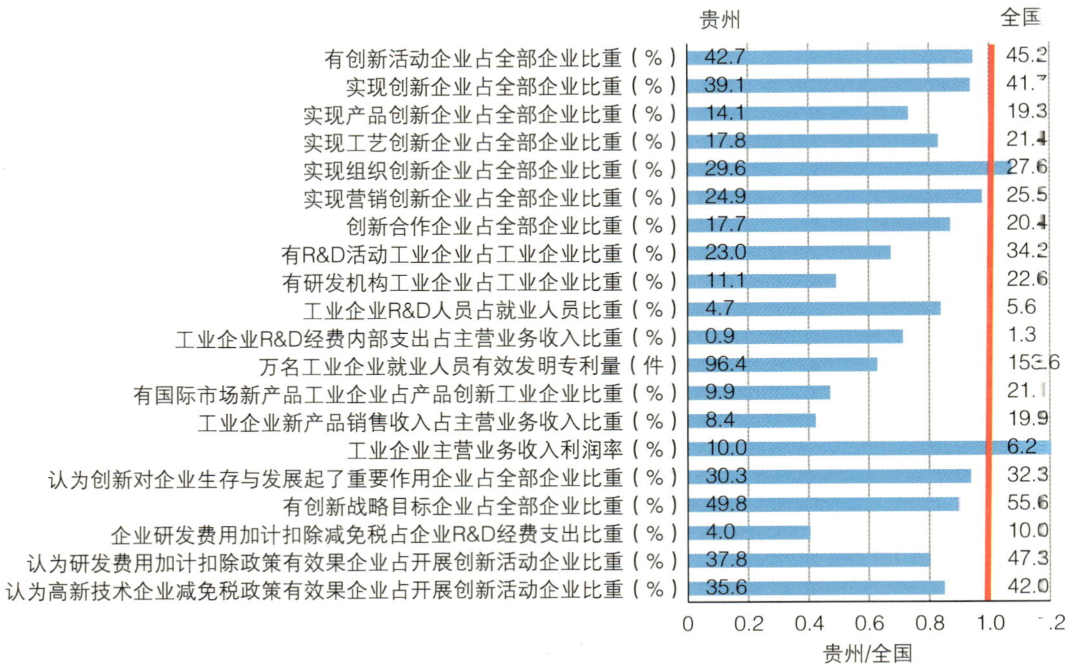

图5-47　贵州企业创新能力：与全国对比

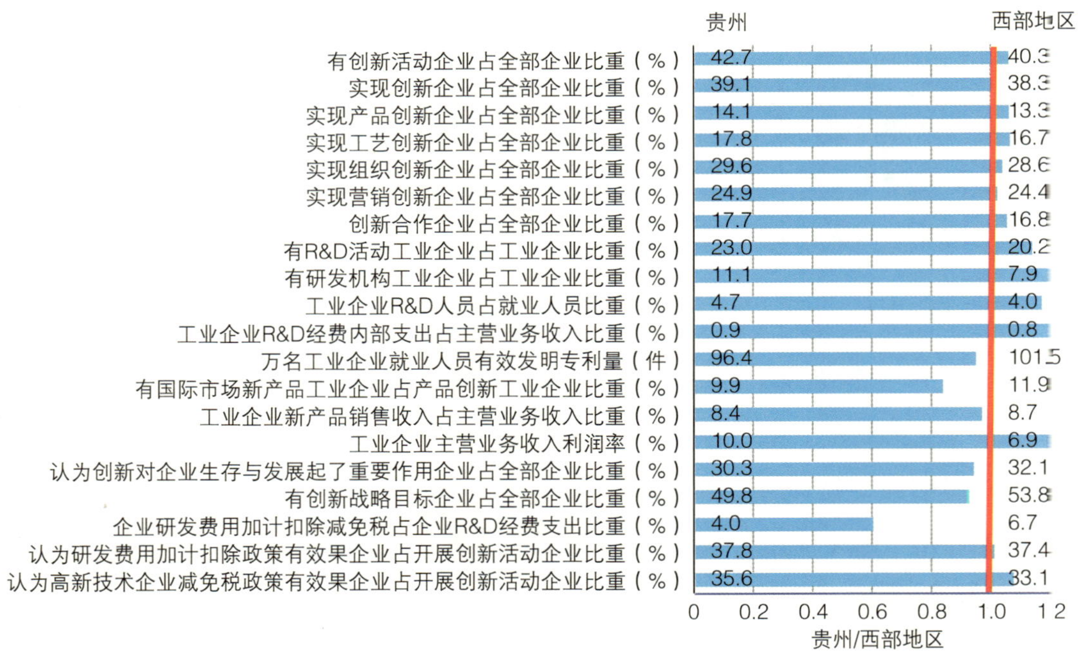

图5-48　贵州企业创新能力：与西部地区对比

25.云南

云南有5个指标高于全国平均水平，在认为创新对企业生存与发展起了重要作用企业占全部企业比重、实现组织创新企业占全部企业比重和实现营销创新企业占全部企业比重方面优势明显，分别为全国平均水平的118.0%、114.6%和109.1%；其在工业企业新产品销售收入占主营业务收入比重、企业研发费用加计扣除减免税占企业R&D经费支出比重及有国际市场新产品工业企业占产品创新工业企业比重方面存在明显不足，分别仅为全国平均水平的32.2%、41.4%和45.2%（图5–49）。

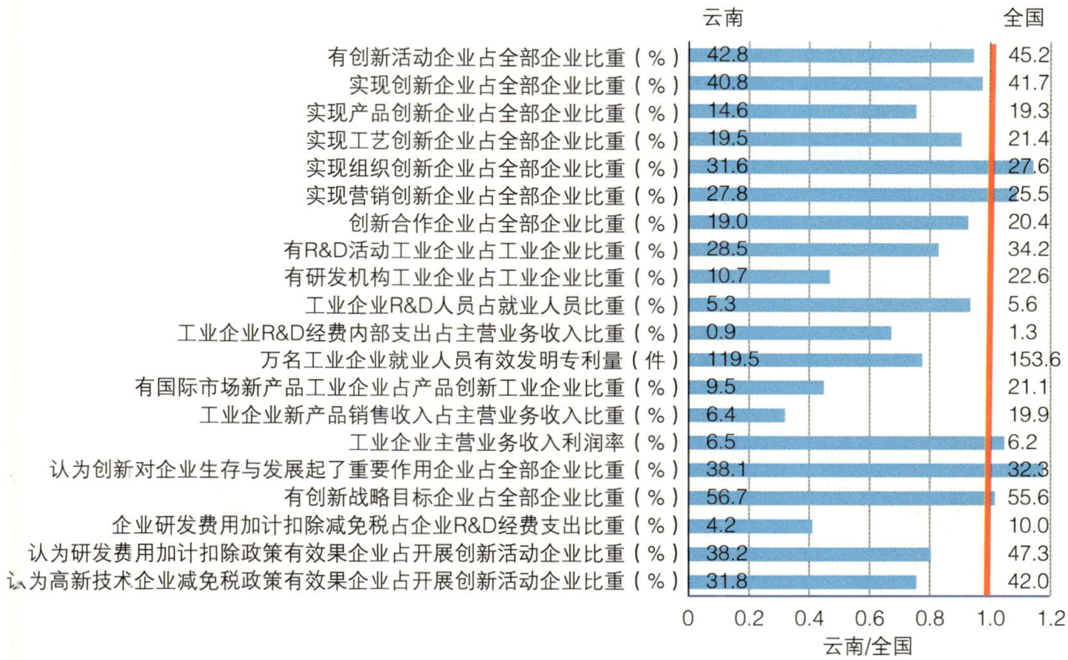

图5–49　云南企业创新能力：与全国对比

云南有15个指标高于西部地区平均水平，在有R&D活动工业企业占工业企业比重、有研发机构工业企业占工业企业比重和工业企业R&D人员占就业人员比重方面优势较为明显，分别为地区平均水平的140.9%、134.6%和131.1%；其在企业研发费用加计扣除减免税占企业R&D经费支出比重、工业企业新产品销售收入占主营业务收入比重方面相对落后，分别为地区平均水平的61.9%、74.0%（图5–50）。

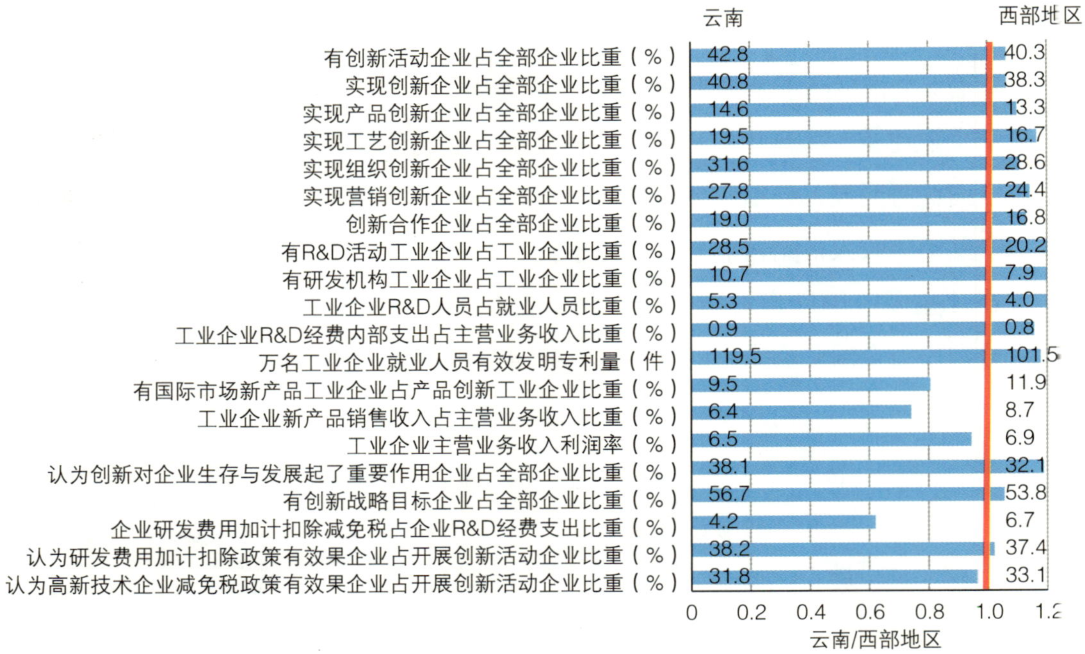

图5-50　云南企业创新能力：与西部地区对比

26.西藏

西藏有 2 个指标高于全国平均水平，在认为创新对企业生存与发展起了重要作用企业占全部企业比重、实现组织创新企业占全部企业比重方面优势明显，分别为全国平均水平的 106.6%、102.9%；其在企业研发费用加计扣除减免税占企业 R&D 经费支出比重方面存在较大不足，仅为全国平均水平的 2.2%（图 5–51）。

西藏有 1 个指标高于西部地区平均水平，在认为创新对企业生存与发展起了重要作用企业占全部企业比重方面优势明显，为西部平均水平的 107.2%；其在企业研发费用加计扣除减免税占企业 R&D 经费支出比重方面落后较多，仅为地区平均水平的 3.2%（图 5–52）。

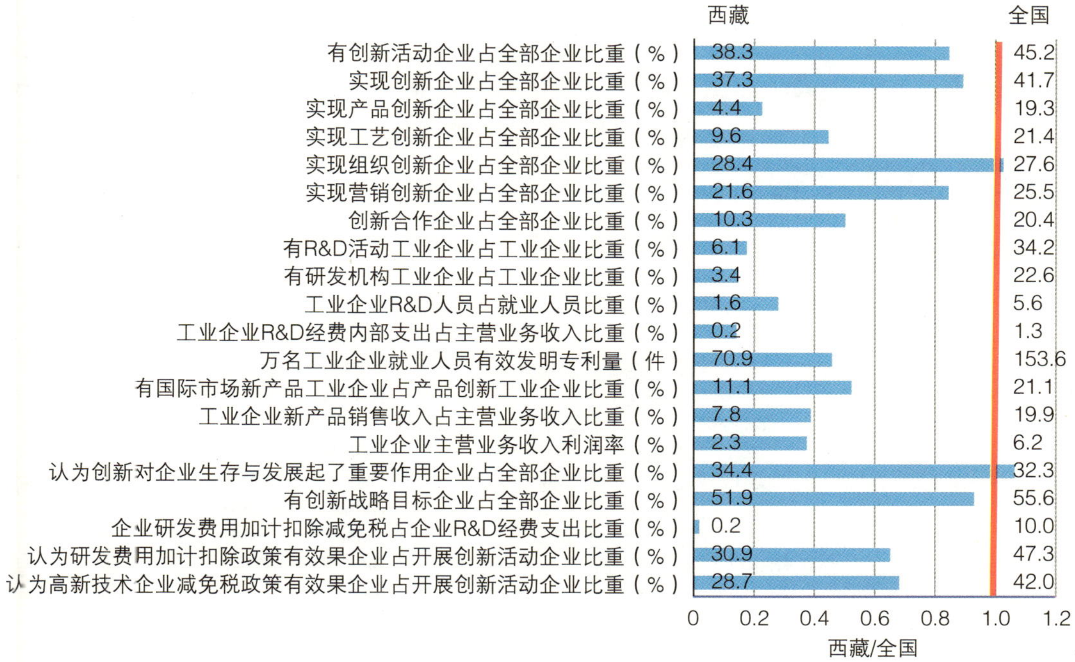

图5-51　西藏企业创新能力：与全国对比

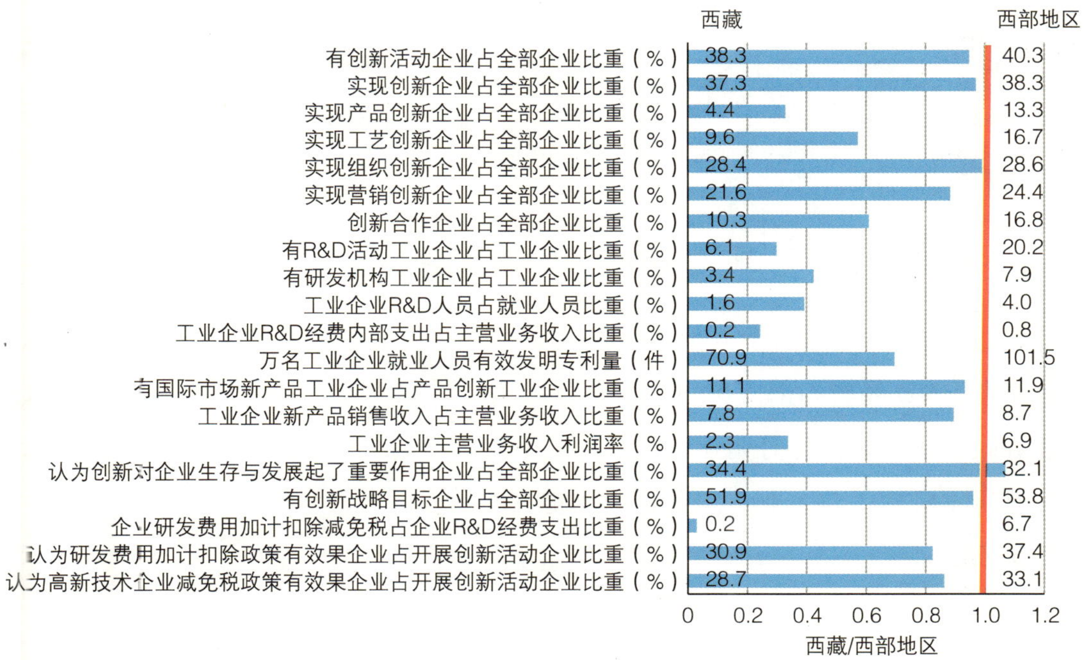

图5-52　西藏企业创新能力：与西部地区对比

27.陕西

陕西有 4 个指标高于全国平均水平，在工业企业主营业务收入利润率、实现组织创新企业占全部企业比重和实现营销创新企业占全部企业比重方面优势明显，分别为全国平均水平的 147.2%、109.8% 和 102.6%；其在有研发机构工业企业占工业企业比重方面存在明显不足，仅为全国平均水平的 28.9%（图 5–53）。

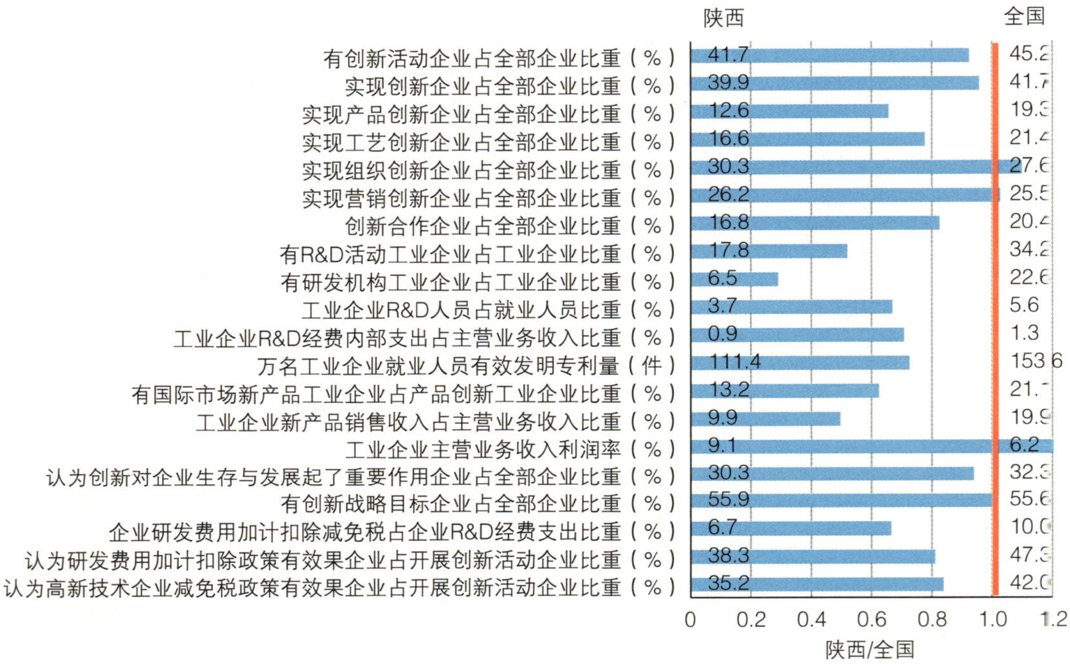

图5–53　陕西企业创新能力：与全国对比

陕西有 12 个指标高于西部地区平均水平，在工业企业主营业务收入利润率、工业企业 R&D 经费内部支出占主营业务收入比重和工业企业新产品销售收入占主营业务收入比重方面优势明显，达到地区平均水平的 131.9%、120.9% 和 114.9%；其在有研发机构工业企业占工业企业比重方面稍显落后，为地区平均水平的 82.4%（图 5–54）。

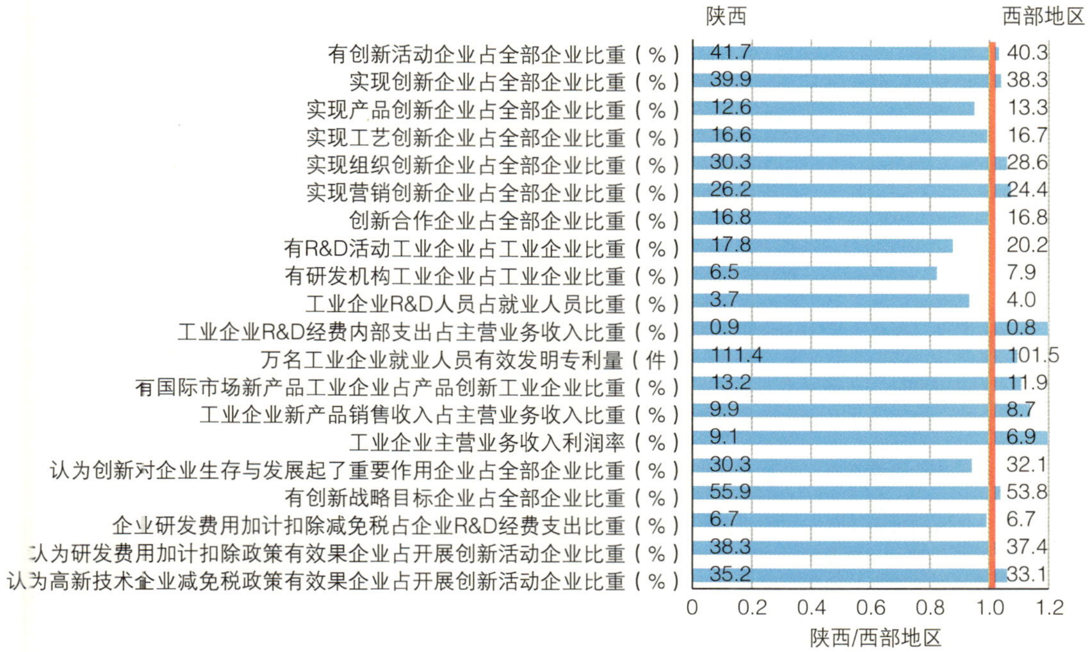

图5-54　陕西企业创新能力：与西部地区对比

28.甘肃

甘肃有 2 个指标高于全国平均水平，其在认为创新对企业生存与发展起了重要作用企业占全部企业比重和有创新战略目标企业占全部企业比重方面具有优势，分别为全国平均水平的 101.1% 和 100.1%；其在有研发机构工业企业占工业企业比重、工业企业新产品销售收入占主营业务收入比重方面明显落后，分别仅为全国平均水平的 32.3%、36.6%（图 5–55）。

甘肃有 3 个指标高于西部地区平均水平，其在有 R&D 活动工业企业占工业企业比重、有创新战略目标企业占全部企业比重和认为创新对企业生存与发展起了重要作用企业占全部企业比重方面优势明显，分别为地区平均水平的 112.8%、103.4% 和 101.6%；其在工业企业主营业务收入利润率、万名工业企业就业人员有效发明专利量方面相对不足，分别仅为地区平均水平的 58.4%、68.7%（图 5–56）。

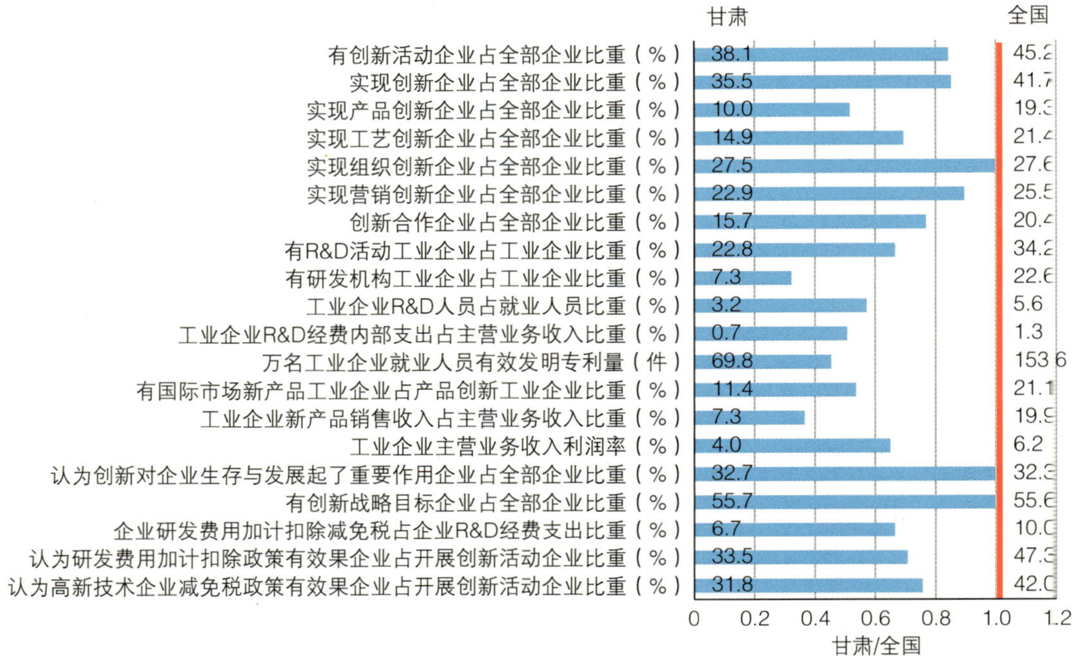

图5-55　甘肃企业创新能力：与全国对比

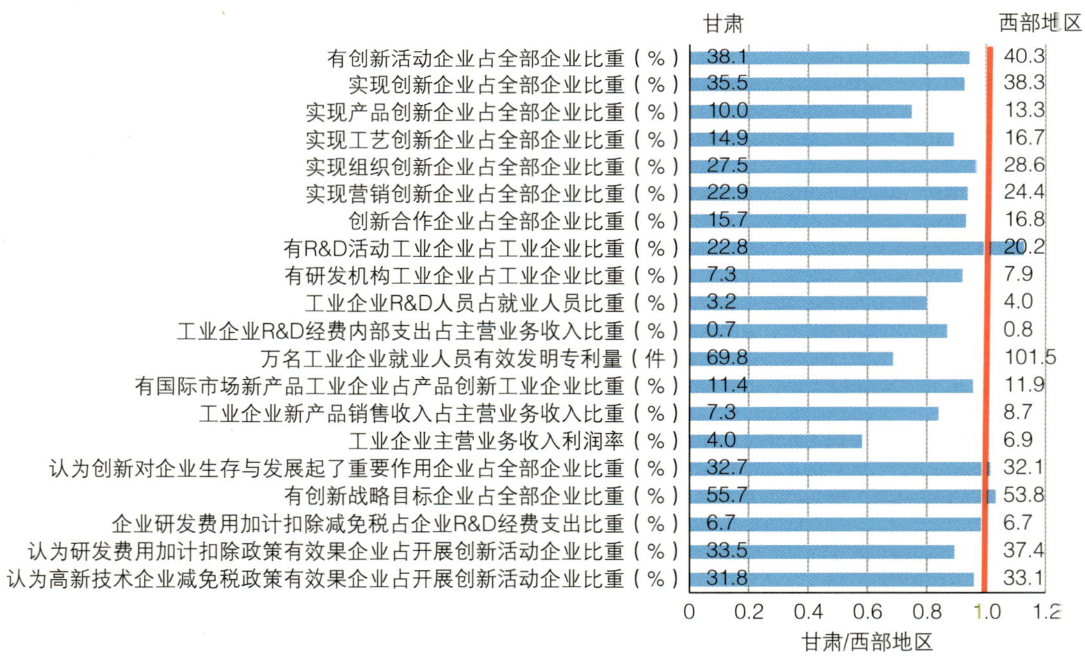

图5-56　甘肃企业创新能力：与西部地区对比

29.青海

青海有 2 个指标高于西部地区平均水平，在实现组织创新企业占全部企业比重、认为创新对企业生存与发展起了重要作用企业占全部企业比重方面优势明显，为全国平均水平的 106.0%、101.6%；因工业企业主营业务收入利润总额为负值，其明显短板在工业企业主营业务收入利润率方面，为 −22.1%（图 5−57）。

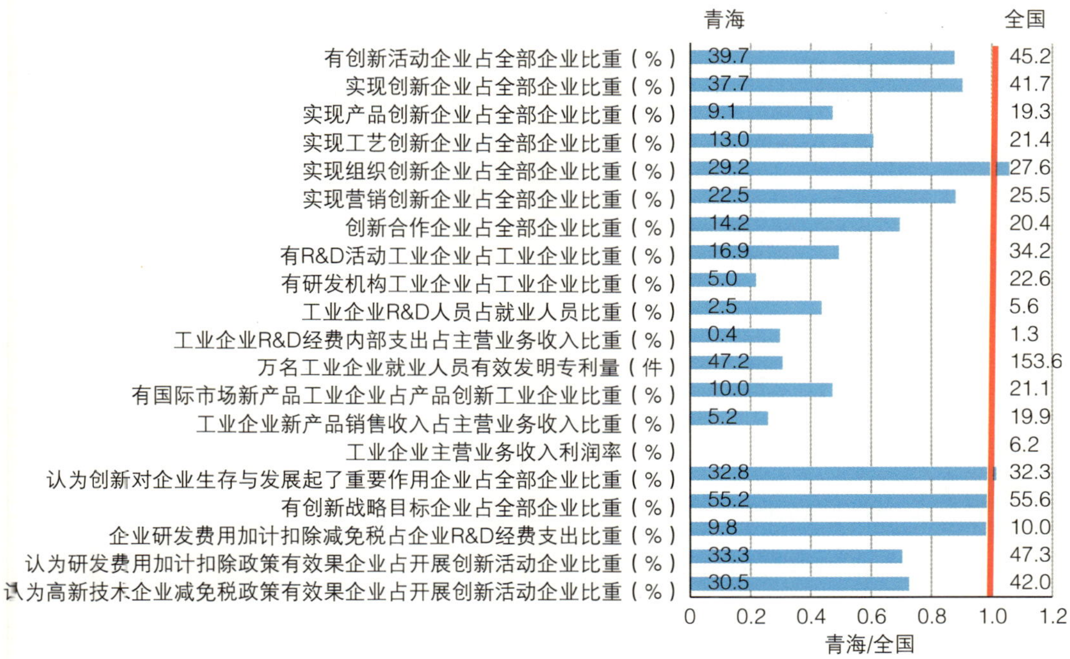

图5−57　青海企业创新能力：与全国对比

青海有 4 个指标高于西部地区平均水平，其在企业研发费用加计扣除减免税占企业 R&D 经费支出比重、有创新战略目标企业占全部企业比重和实现组织创新企业占全部企业比重方面优势明显，分别为地区平均水平的 146.7%、102.5% 和 102.4%；其在工业企业主营业务收入利润率方面较为落后（图 5−58）。

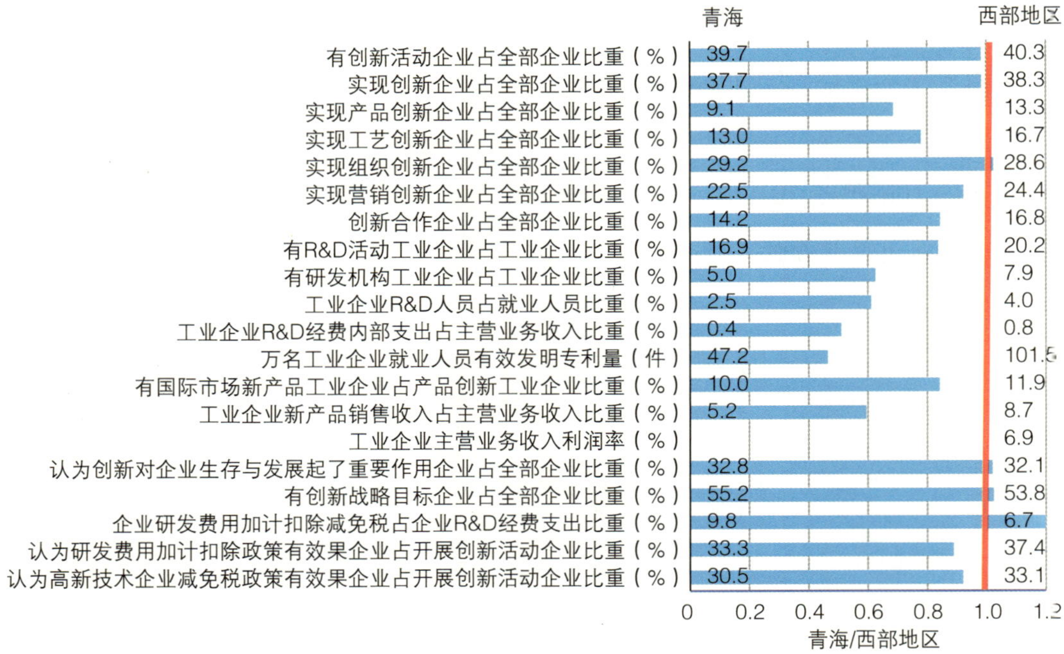

图5-58　青海企业创新能力：与西部地区对比

30.宁夏

宁夏有 5 个指标高于全国平均水平，其在认为创新对企业生存与发展起了重要作用企业占全部企业比重有创新战略目标企业占全部企业比重和实现组织创新企业占全部企业比重方面优势较为明显，分别为全国平均水平的 112.4%、108.2% 和 104.5%；其在工业企业新产品销售收入占主营业务收入比重方面相对落后，仅为全国平均水平的 45.6%（图 5–59）。

宁夏有 16 个指标高于西部地区平均水平，其在有研发机构工业企业占工业企业比重、企业研发费用加计扣除减免税占企业 R&D 经费支出比重和有 R&D 活动工业企业占工业企业比重方面优势明显，分别达到地区平均水平的 252.5%、167.9% 和 149.3%；其在工业企业主营业务收入利润率方面还有待提高，为地区平均水平的 64.3%（图 5–60）。

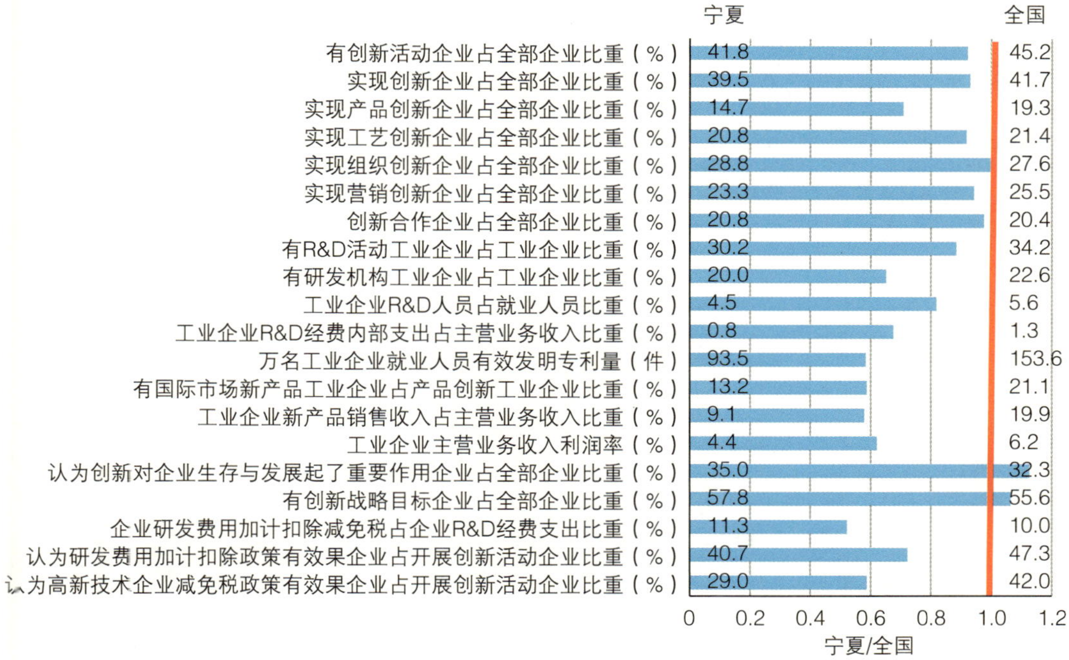

图5-59 宁夏企业创新能力：与全国对比

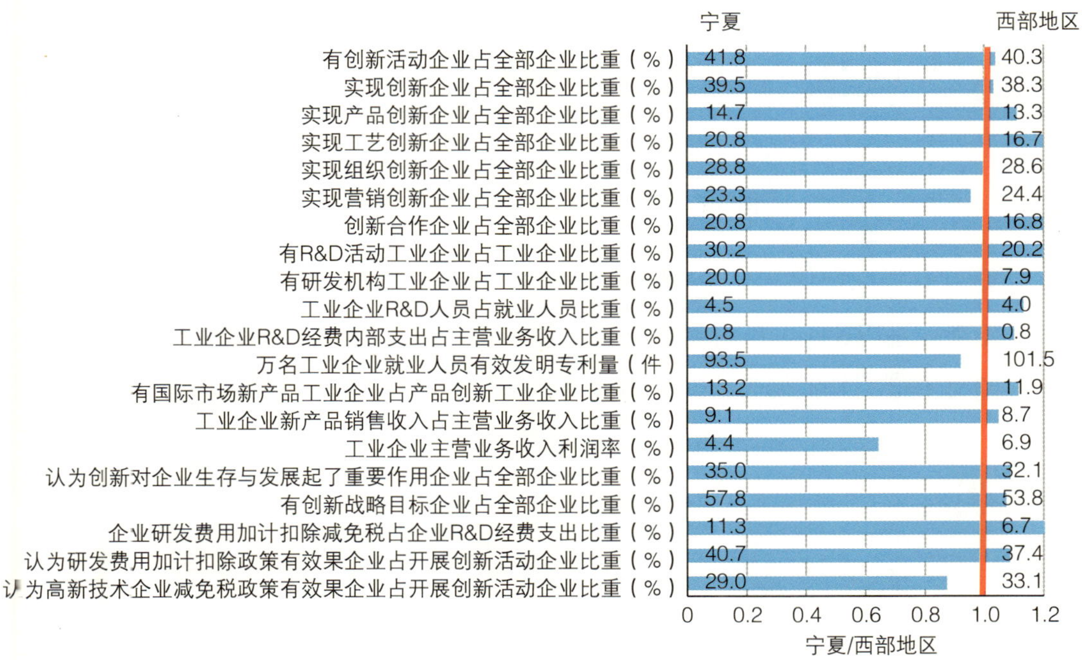

图5-60 宁夏企业创新能力：与西部地区对比

31.新疆

新疆所有指标均低于全国平均水平，其在有研发机构工业企业占工业企业比重、有 R&D 活动工业企业占工业企业比重和工业企业 R&D 人员占就业人员比重方面明显落后，分别仅为全国平均水平的 11.6%、14.1% 和 19.9%（图 5–61）。

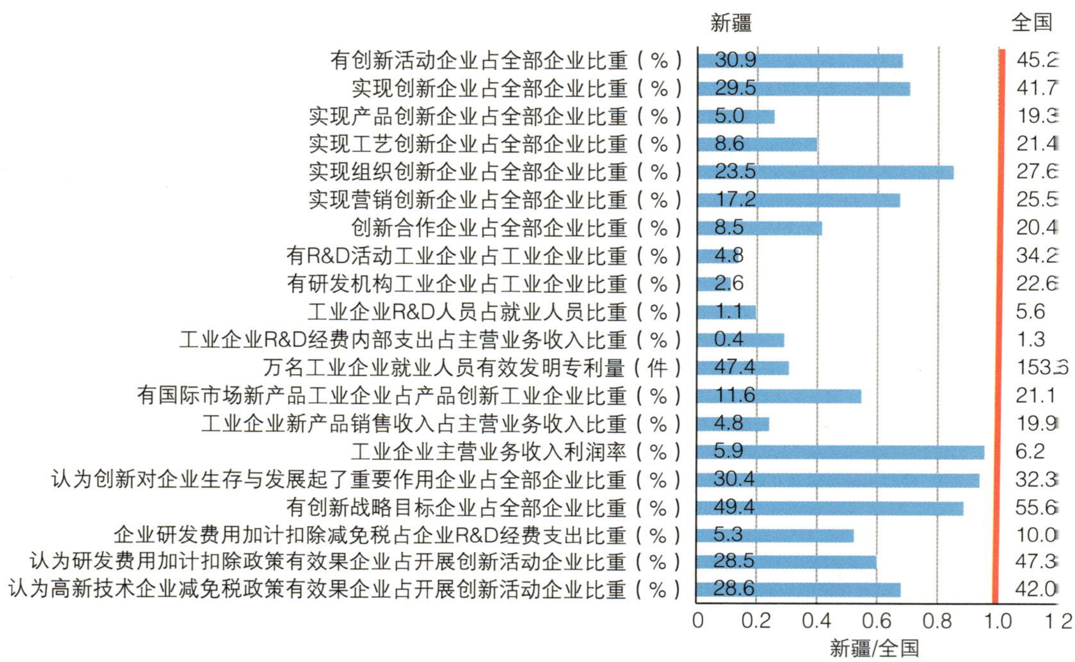

图5–61　新疆企业创新能力：与全国对比

新疆所有指标均低于西部地区平均水平，其在有 R&D 活动工业企业占工业企业比重、工业企业 R&D 人员占就业人员比重和有研发机构工业企业占工业企业比重方面存在明显不足，分别仅为地区平均水平的 23.8%、27.8% 和 33.0%（图 5–62）。

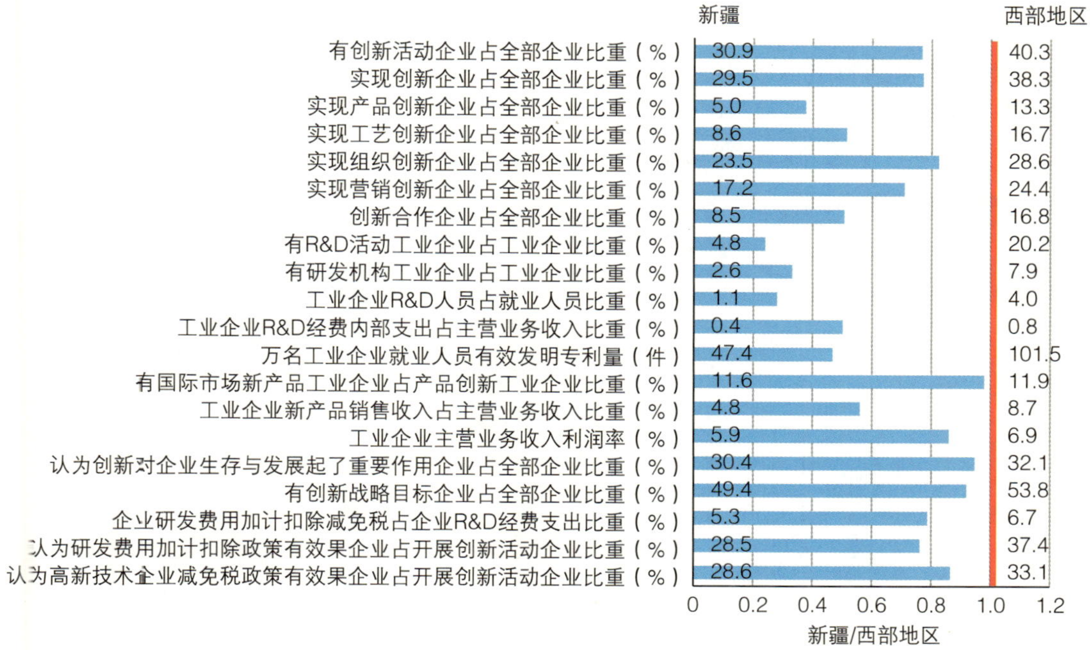

图5-62 新疆企业创新能力：与西部地区对比

总体来看，全国各省（区、市）间企业创新能力差异明显。超过全国平均值指标数10个以上的省份有6个，其中1个省超过全国平均值的指标数达到20个；相比之下，6个省（市、区）超过全国平均值的指标数不足2个。

我国涌现一些全国范围的创新领先省（区、市）。广东超过全国平均水平的指标数均达到20个；江苏超过全国平均水平的指标数均达到18个；浙江、安徽超过全国平均水平的指标数达到 17个；上海和湖南均有10个指标超过全国平均水平（表 5-1 ）。

各个地区也出现了引领区域发展的创新领先省（区、市）。广东超过东部地区平均水平的指标均为17个；安徽有19个指标超过中部地区平均水平；重庆有18个指标超过西部地区平均水平；辽宁有15个指标超过东北地区平均水平（表 5-1）。

与2018年相比，2019年有些省（区、市）的创新能力指标波动较大。以全国平均水平为基准，指标数下降明显的省份有天津（4个），重庆、湖北和北京，均下降3个；指标数上升明显的省份有山东（5个）和宁夏（3个）。以地区平均水平为基准，指标数下降明显的省份有上海、新疆和陕西，均下降 3 个；天津和西藏，均下降 2 个。指标数提升明显的省（区、市）有贵州（10 个）和吉林（5 个）（表 5–1 ）。

表5–1　各省（区、市）高于全国/地区平均水平的指标数量（2014—2019年）

省（区、市）	高于全国平均水平					高于地区平均水平				
	2019 年	2018 年	2017 年	2016 年	2014 年	2019 年	2018 年	2017 年	2016 年	2014 年
北京	9	12	11	14	14	7	8	10	10	12
天津	5	9	7	12	18	3	5	6	11	16
河北	2	0	1	5	3	0	0	0	3	0
山西	1	1	0	2	1	1	1	1	1	1
内蒙古	1	1	1	1	1	2	2	3	3	4
辽宁	3	3	4	5	3	15	16	18	11	10
吉林	2	1	2	2	3	10	5	3	9	6
黑龙江	1	1	0	0	2	2	1	3	5	15
上海	11	12	14	13	12	7	10	12	10	8
江苏	18	18	18	19	18	16	16	16	15	16
浙江	17	15	17	17	15	15	14	16	15	14
安徽	17	17	16	17	15	19	18	19	19	18
福建	2	4	3	4	10	1	2	2	0	2
江西	9	9	6	6	3	11	9	12	11	2
山东	8	3	6	2	2	4	1	2	2	2
河南	1	1	3	1	4	1	1	1	1	1
湖北	10	13	12	7	12	16	16	16	14	14
湖南	11	9	9	9	9	13	11	10	14	13
广东	20	19	18	13	15	17	18	14	8	11
广西	1	2	2	3	1	3	3	2	4	1
海南	3	3	6	4	7	3	3	6	4	5
重庆	10	13	11	7	4	18	18	16	15	11
四川	5	6	6	5	8	17	16	14	13	14
贵州	2	1	1	5	4	14	4	6	6	7
云南	5	5	9	8	4	15	13	15	14	9
西藏	2	3	5	4	7	1	3	7	7	13

续表

省（区、市）	高于全国平均水平					高于地区平均水平				
	2019年	2018年	2017年	2016年	2014年	2019年	2018年	2017年	2016年	2014年
陕西	4	4	4	5	11	12	15	15	15	17
甘肃	2	2	3	2	3	3	2	7	5	10
青海	2	4	0	3	3	4	5	4	6	5
宁夏	5	2	8	7	4	16	13	14	13	8
新疆	0	2	1	2	5	0	3	1	2	9